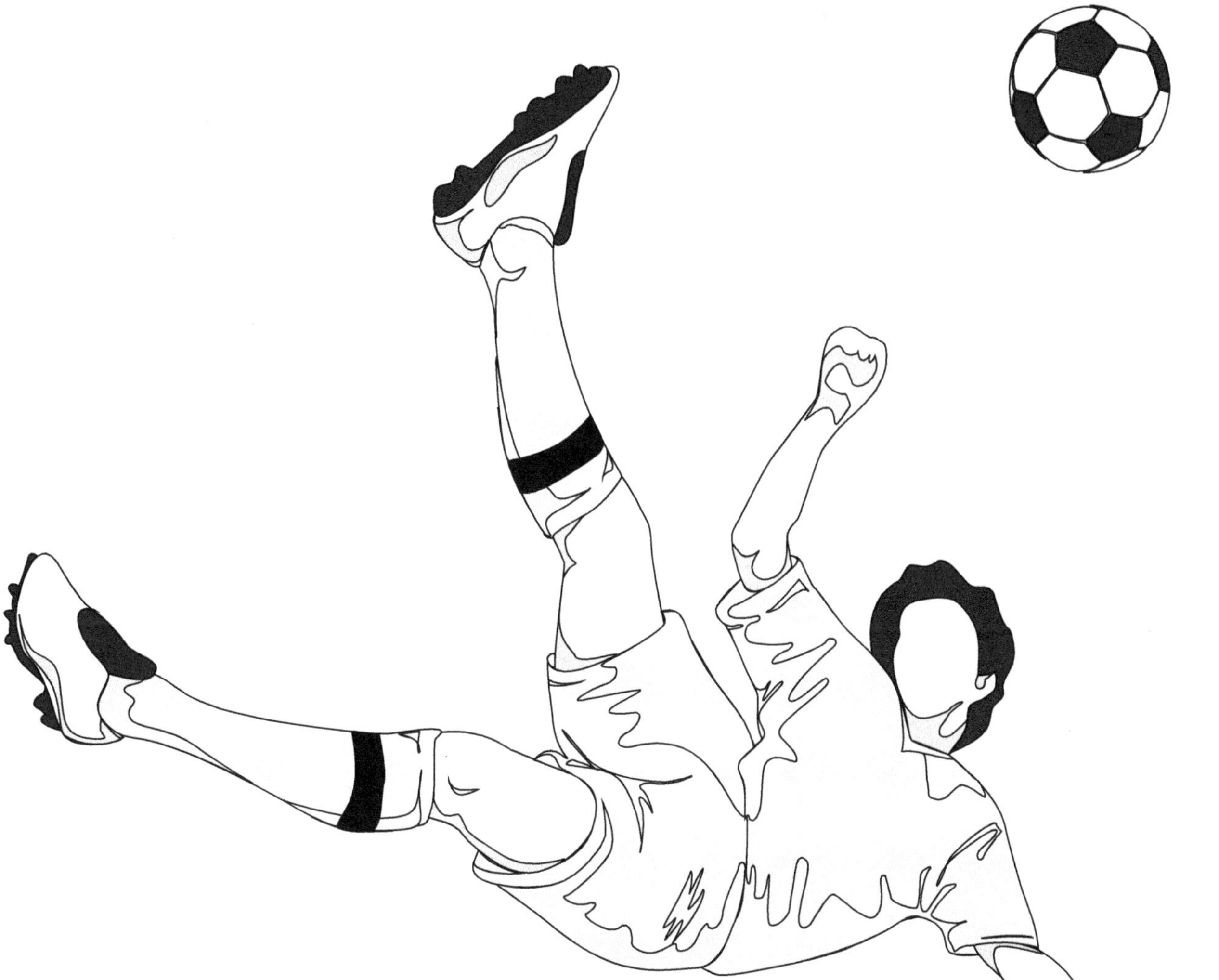

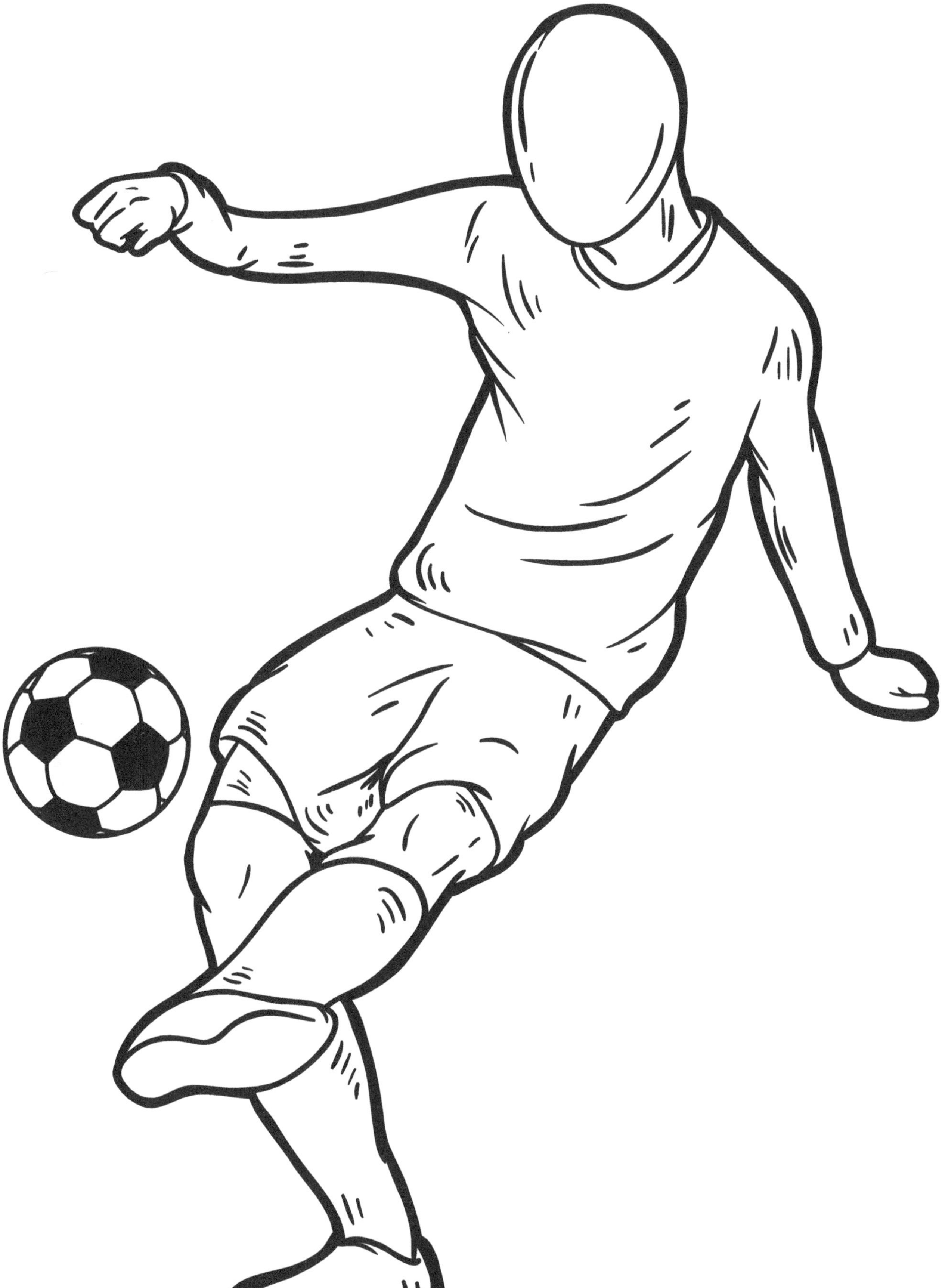

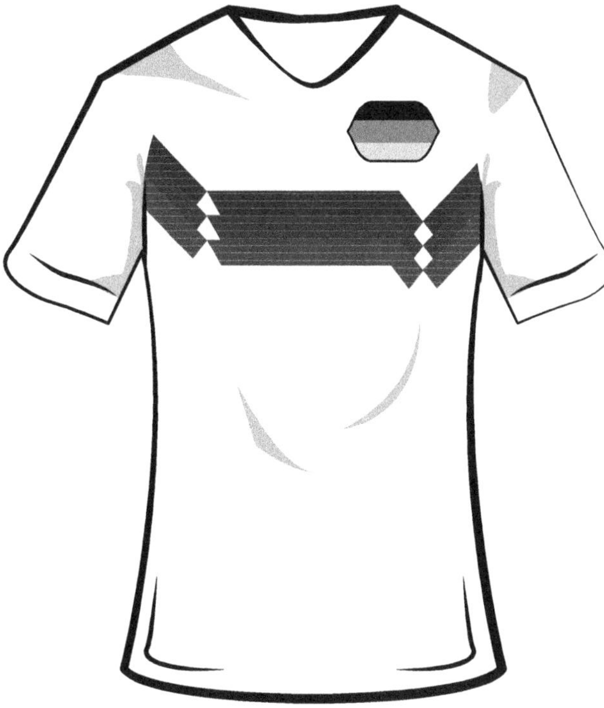
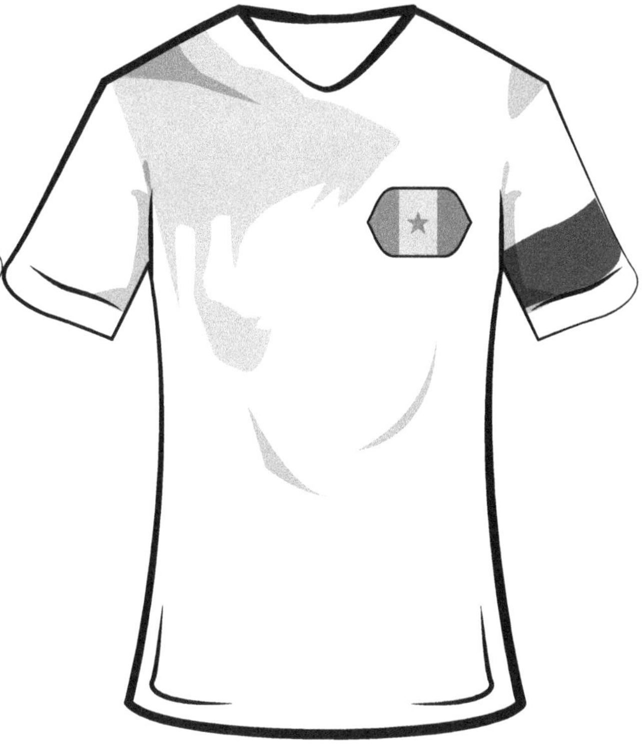
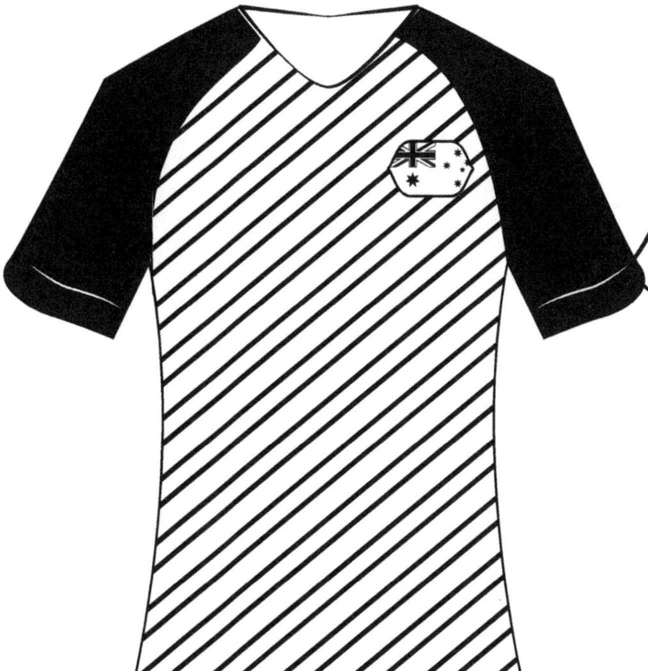
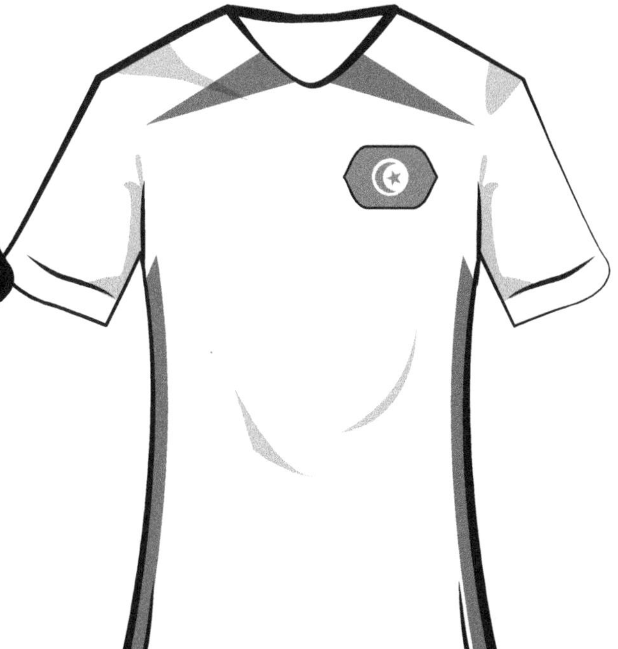

SOCCER

TOURNAMENT

ESTD
1995

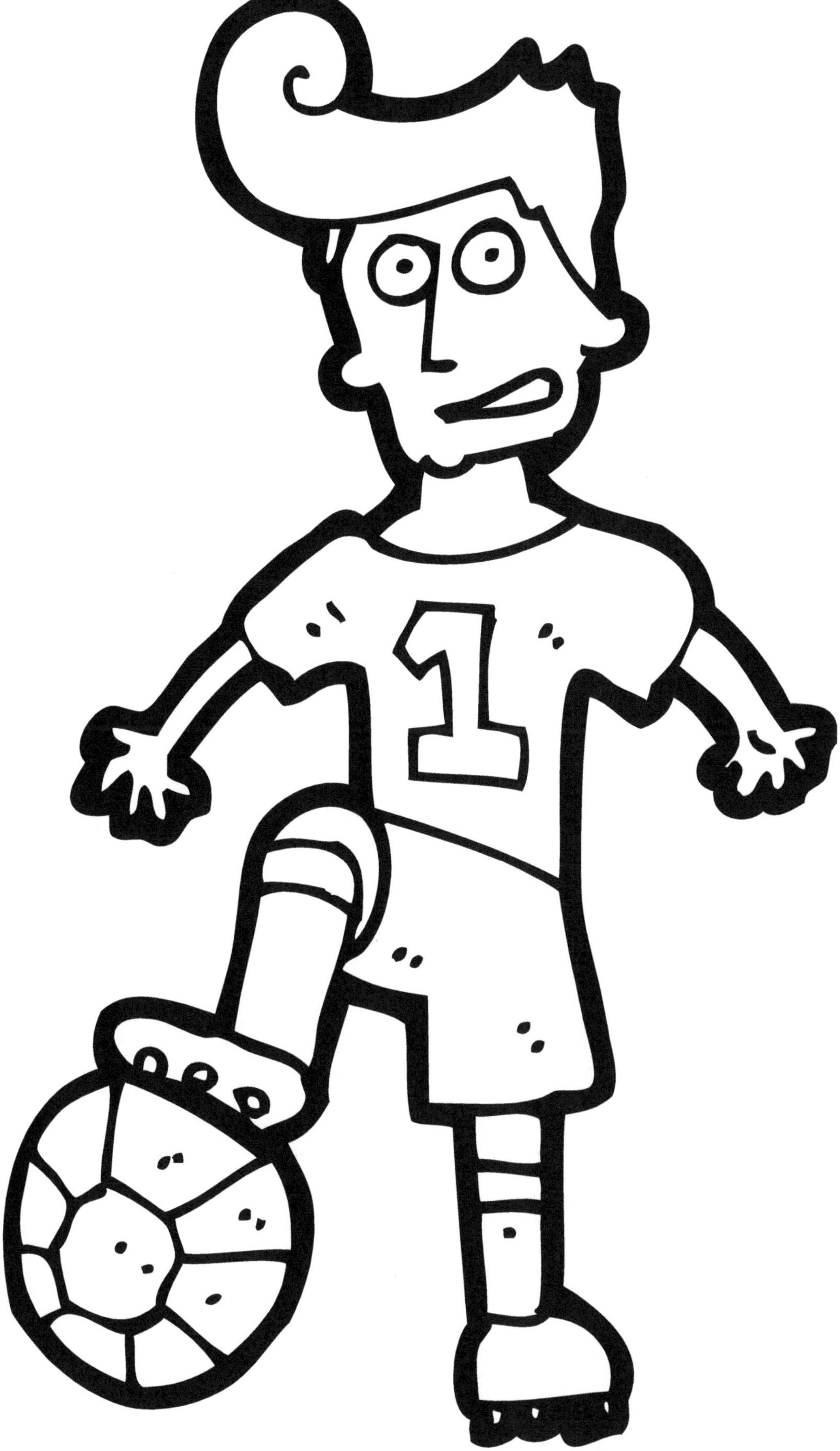
1

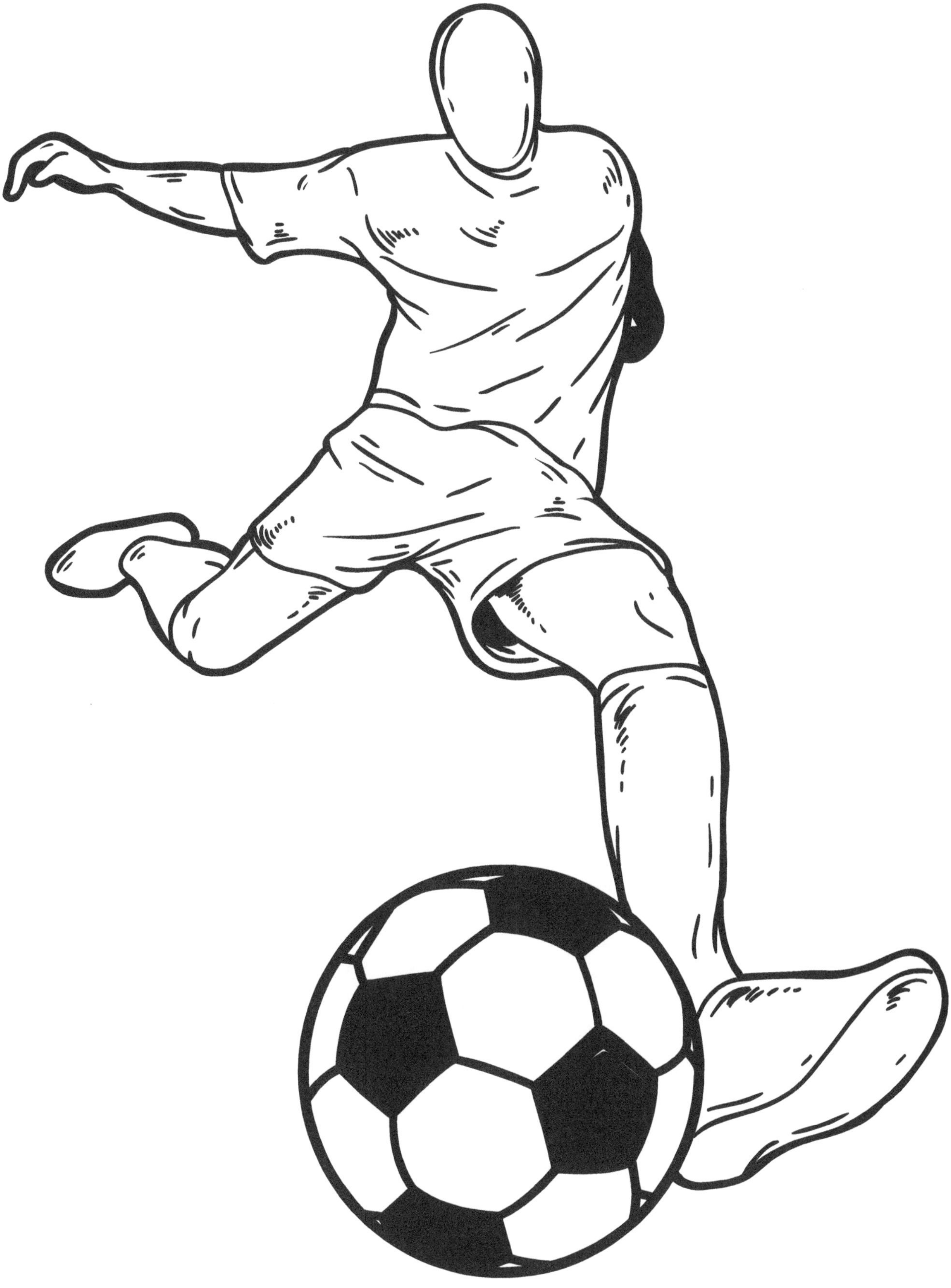

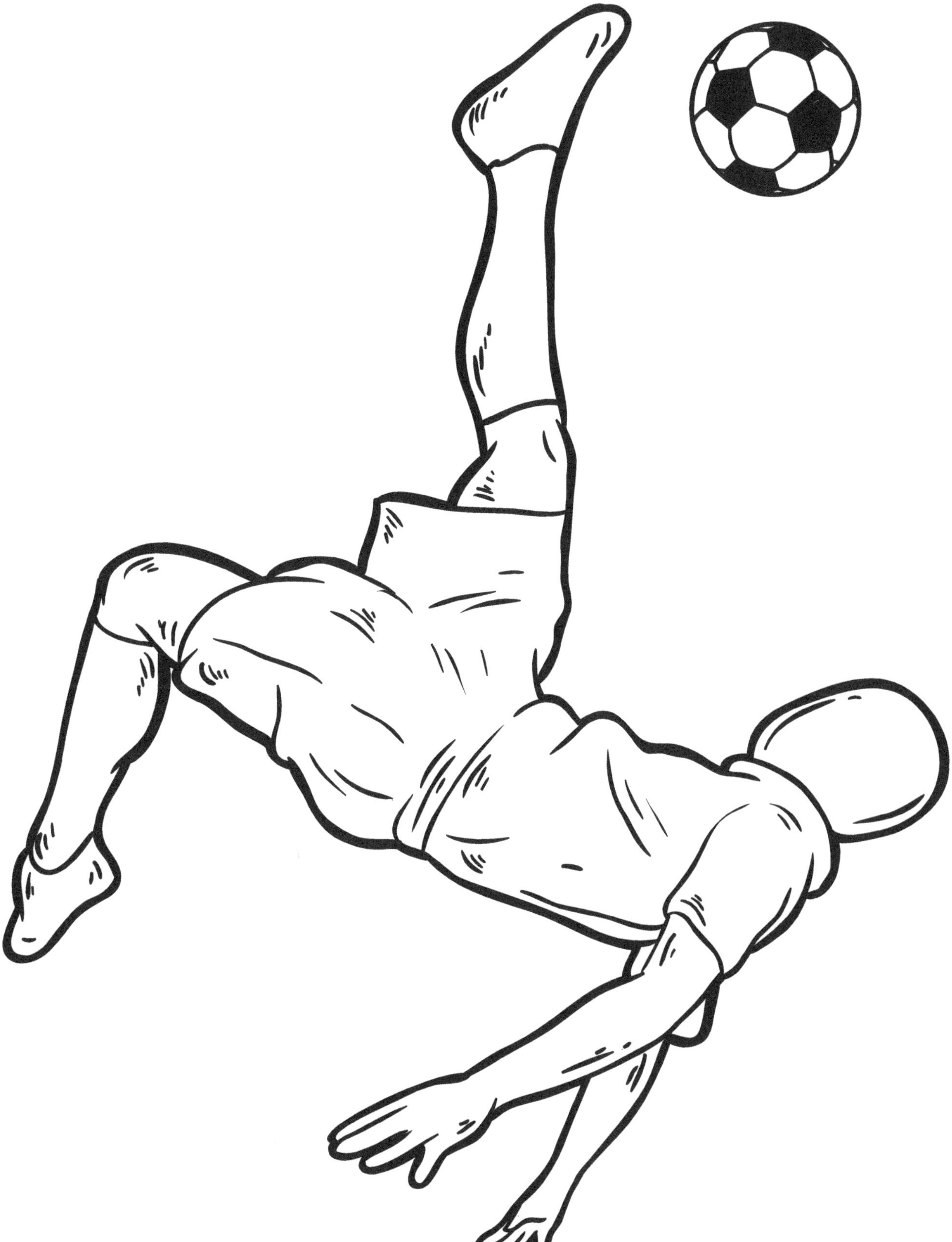

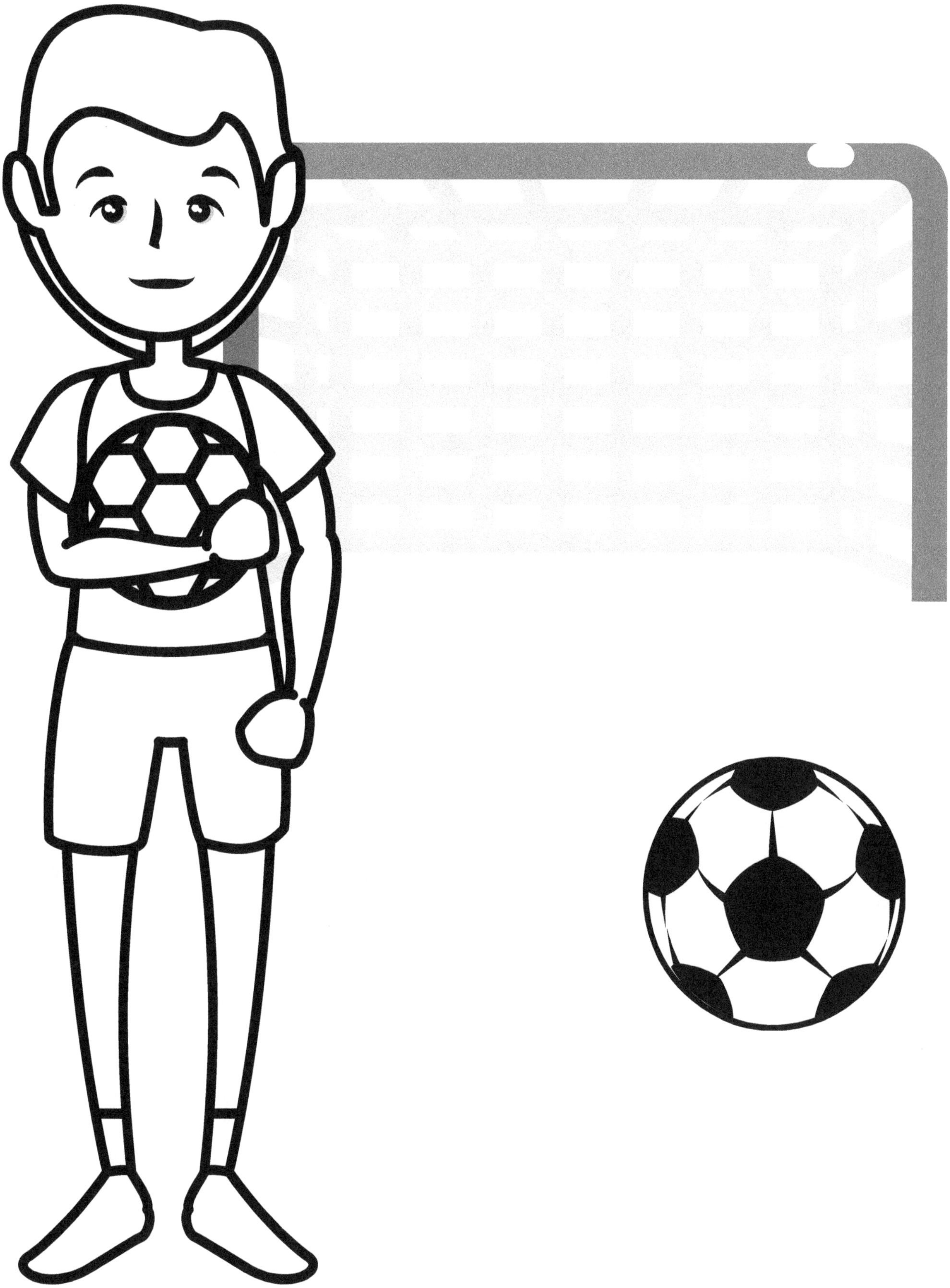

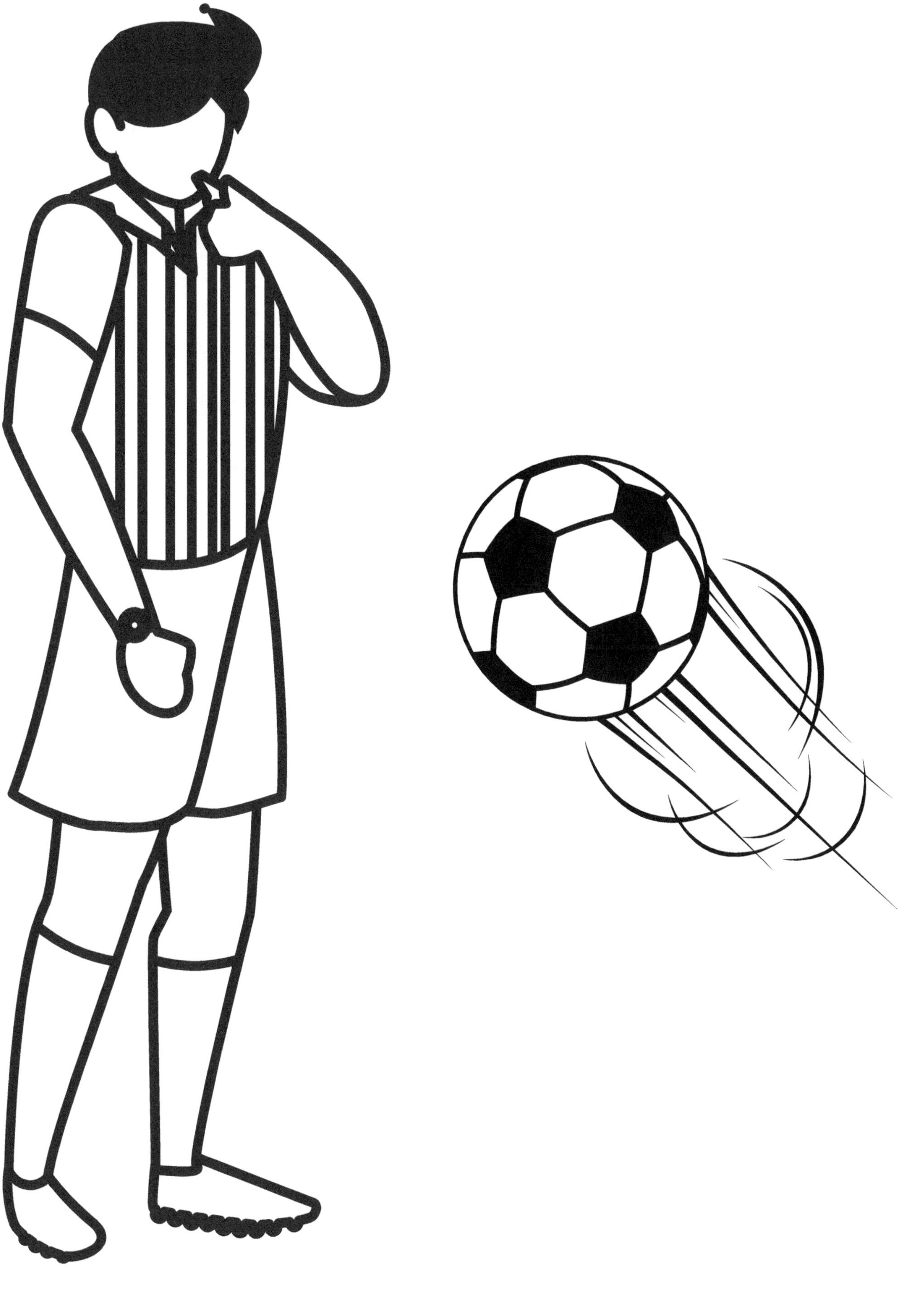

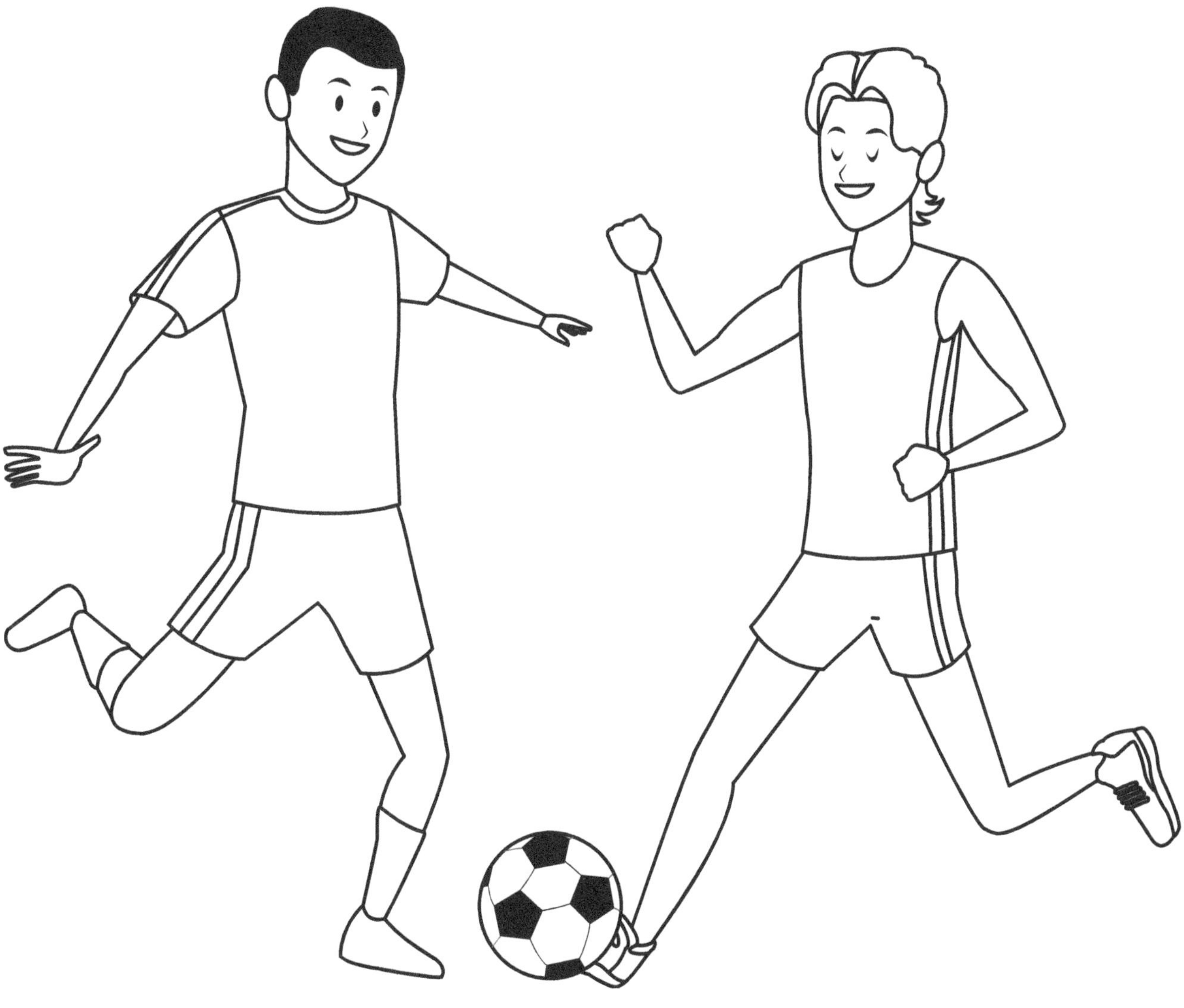

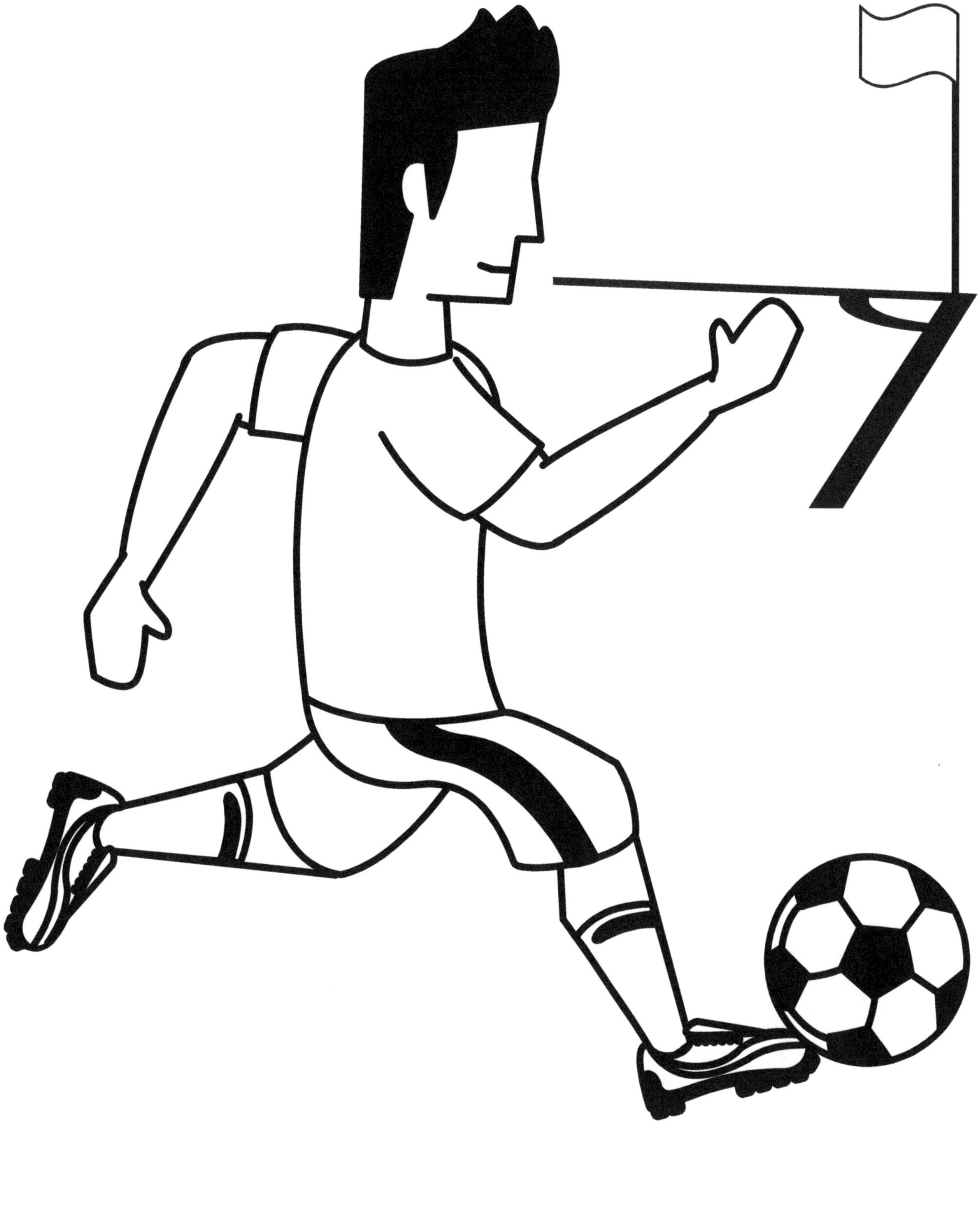

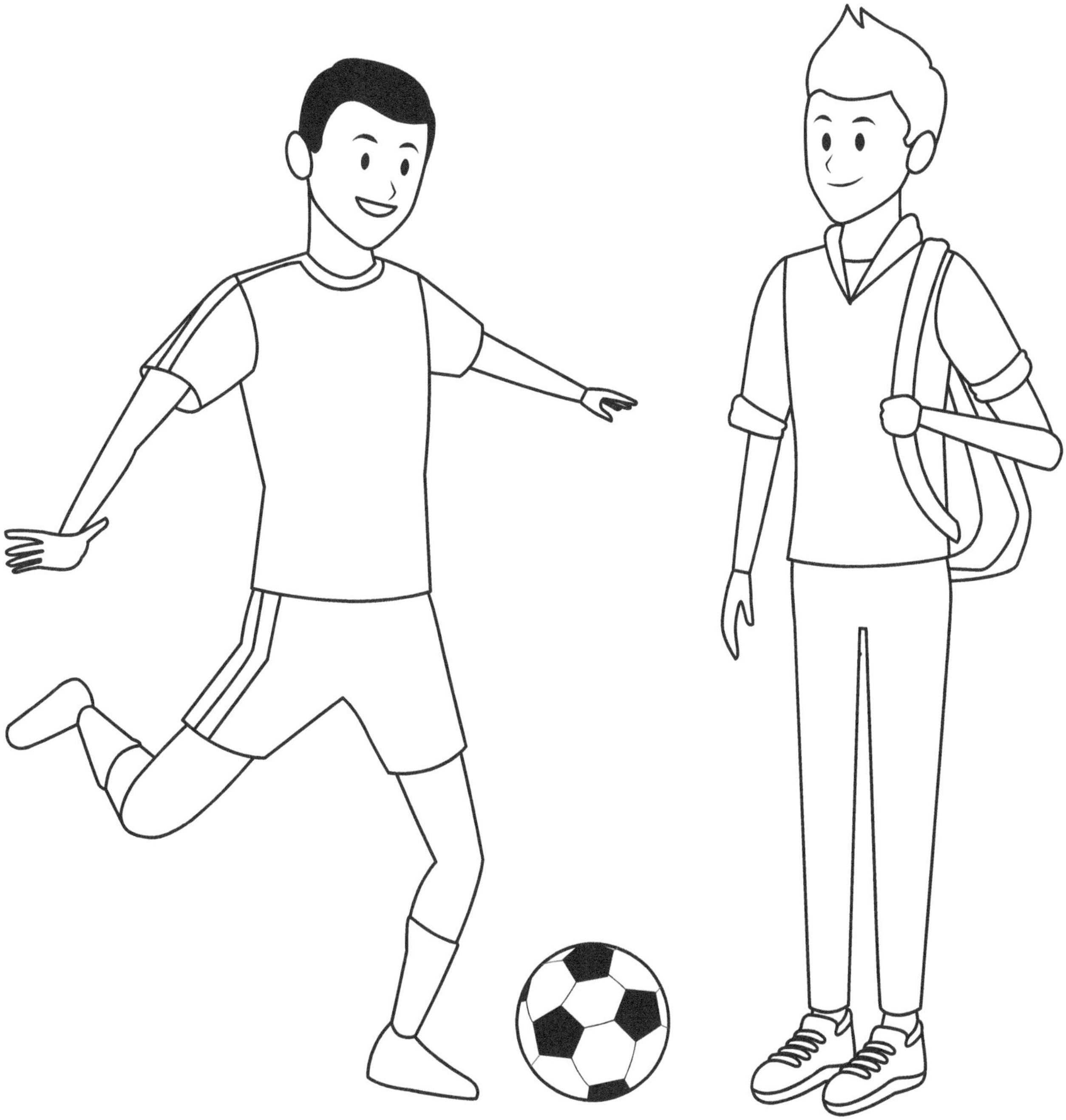

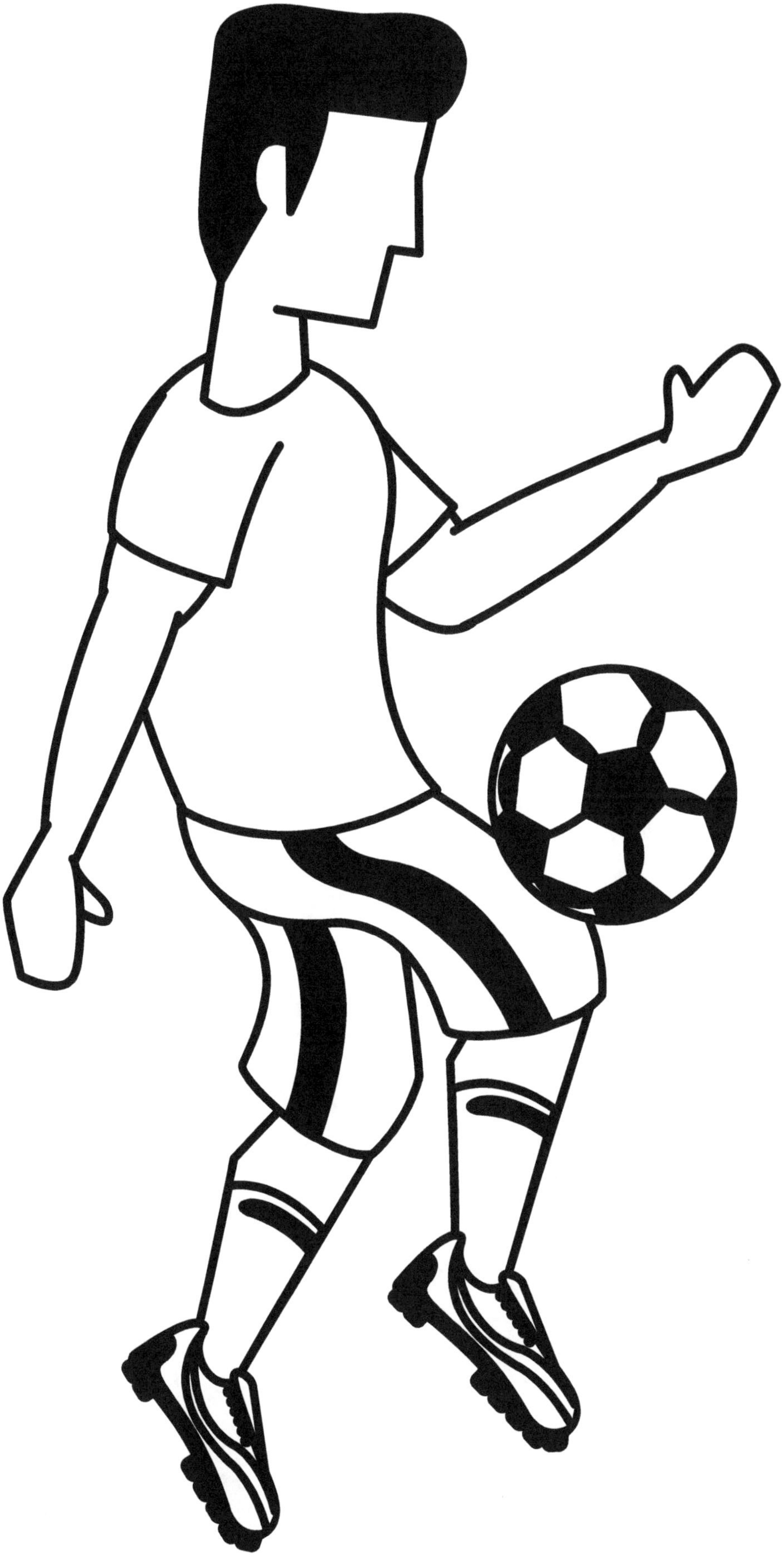

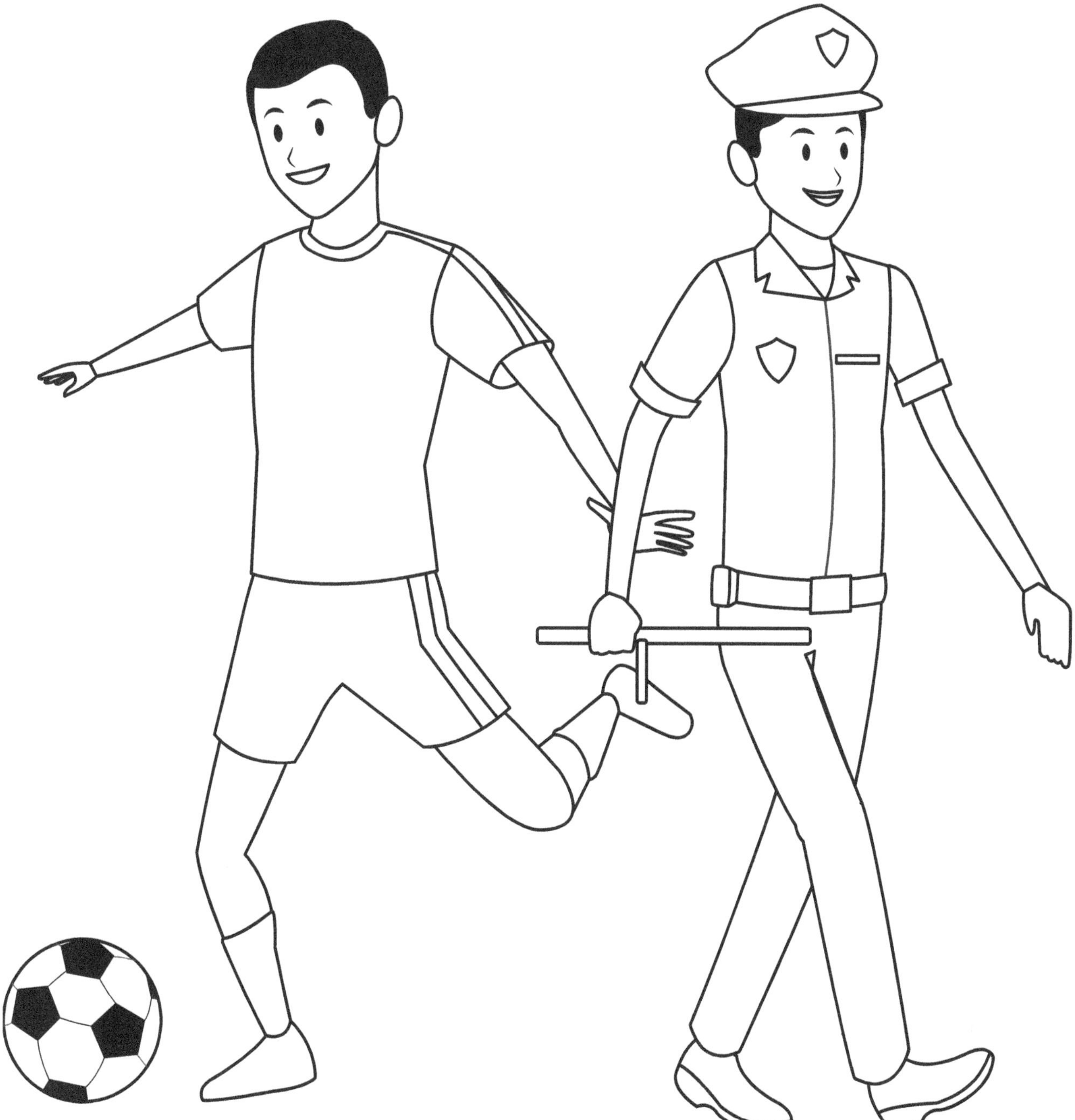

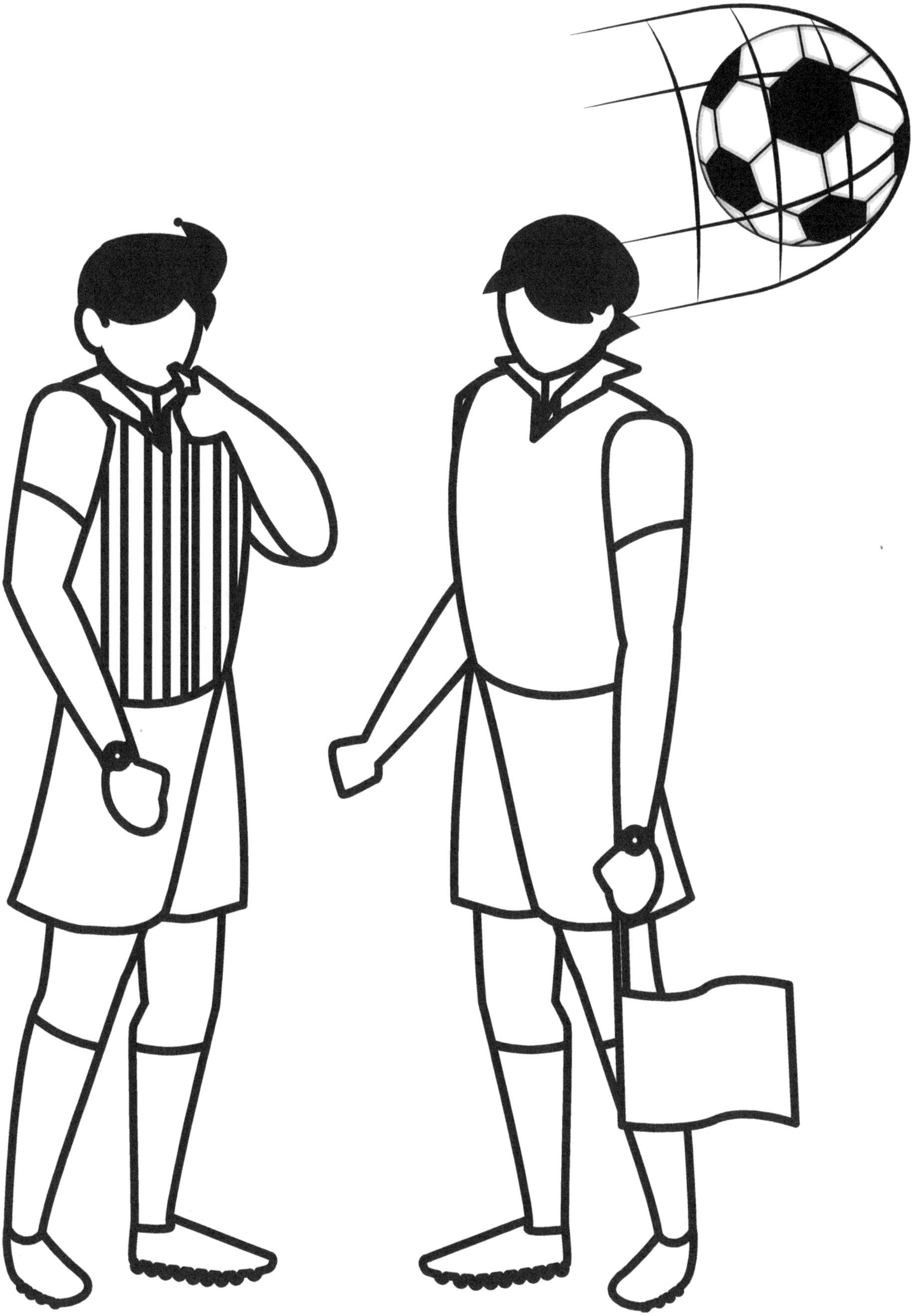

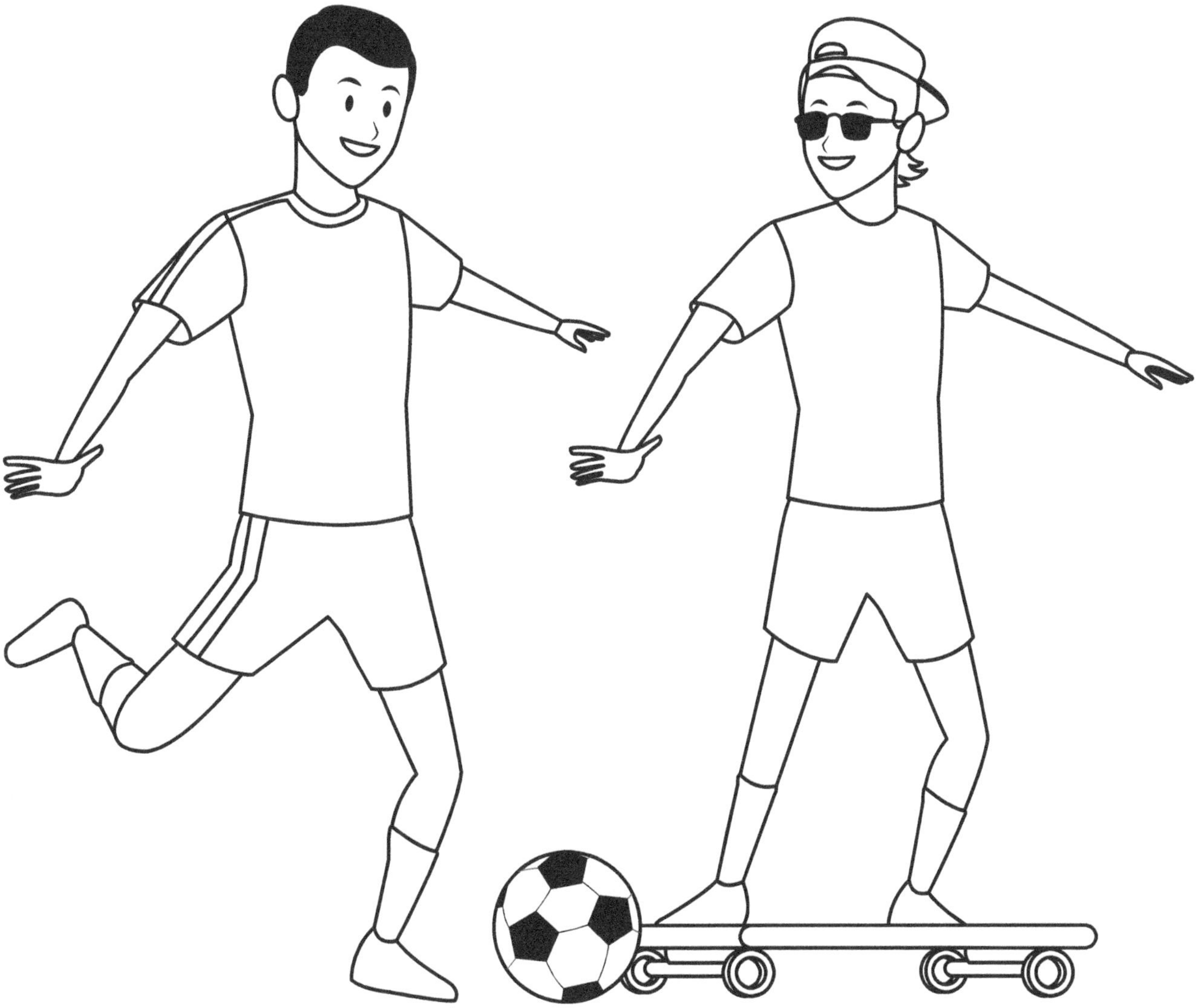

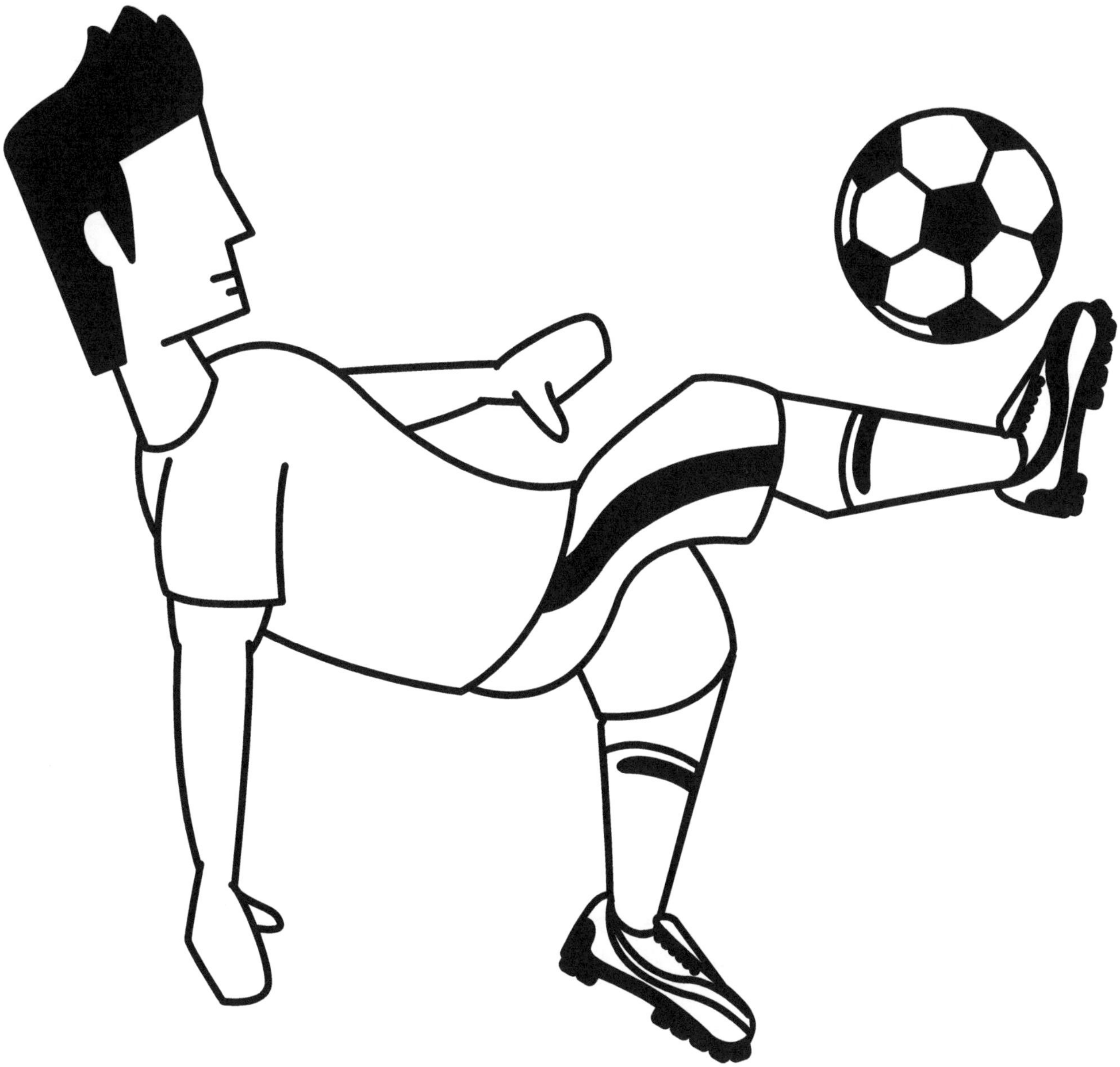

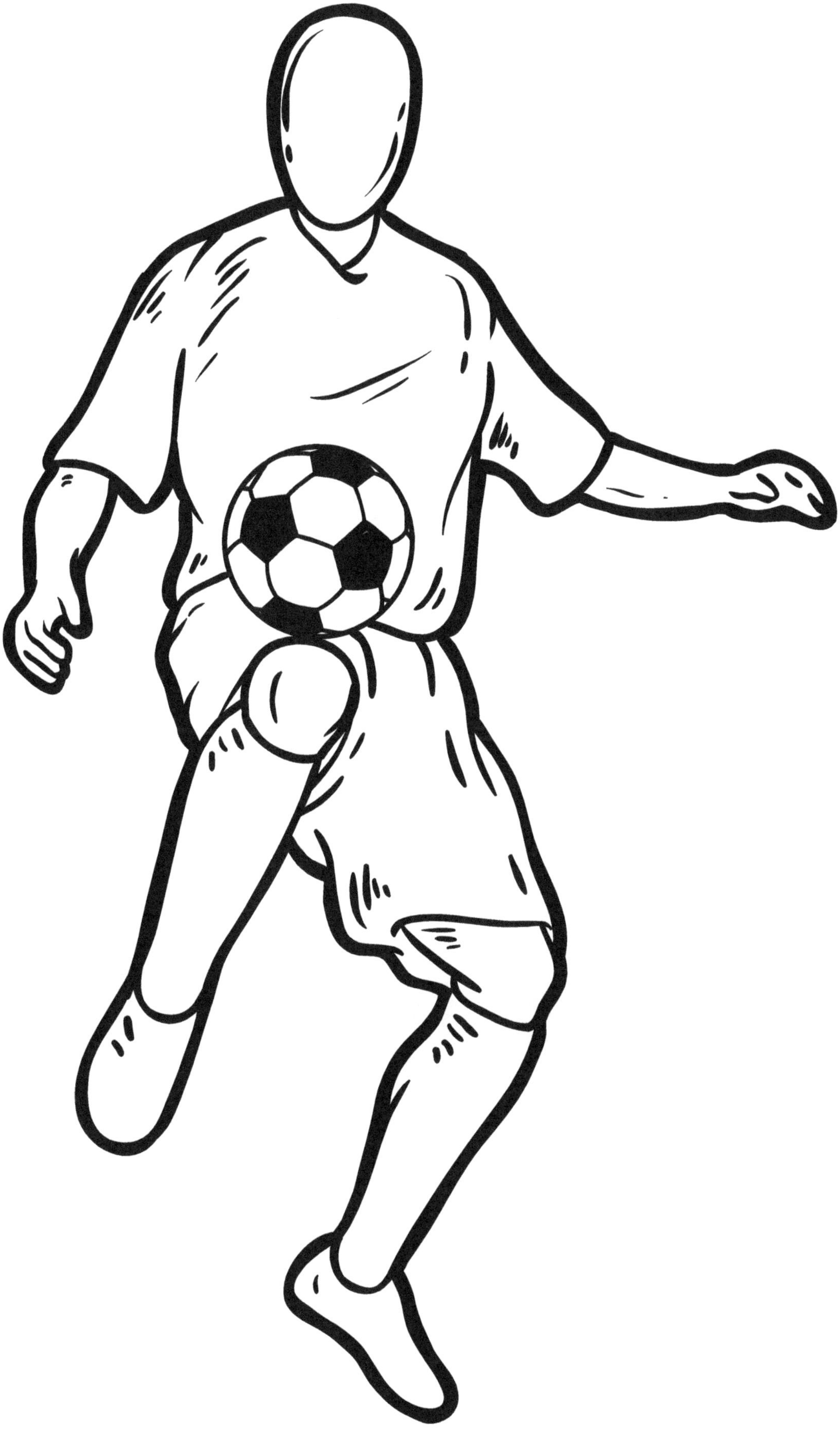

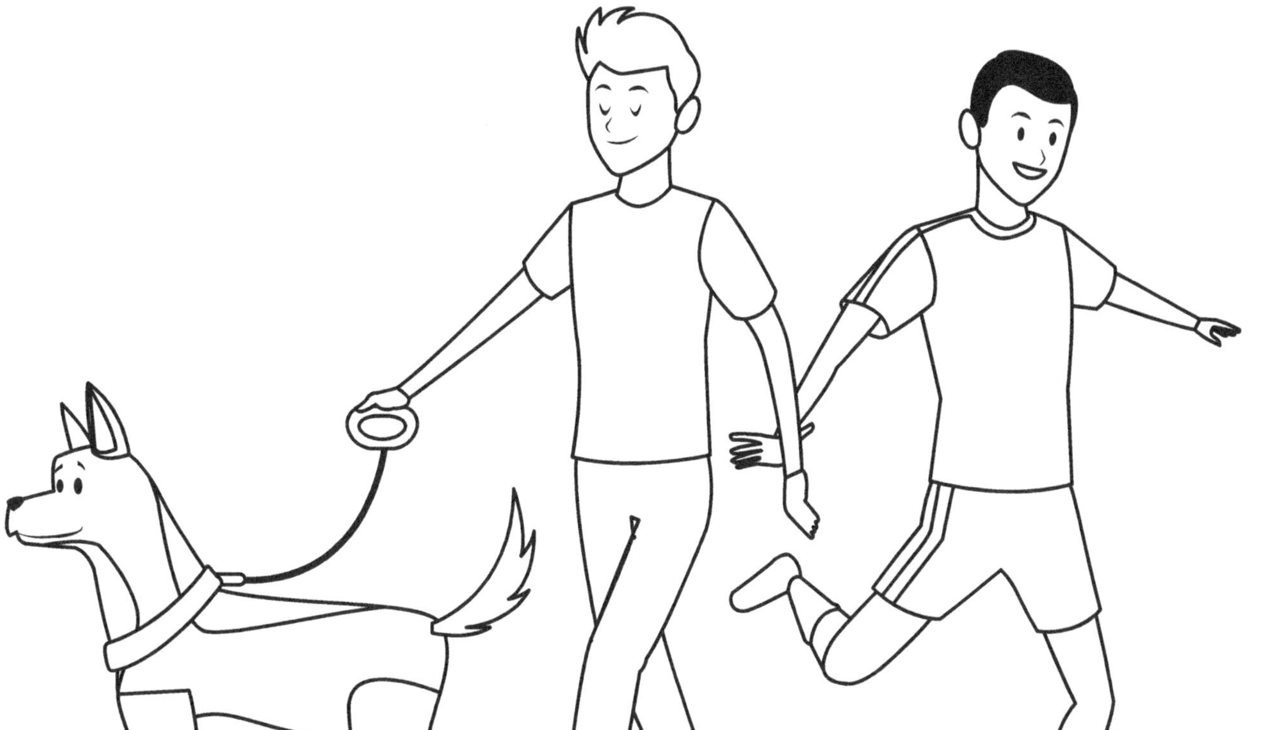

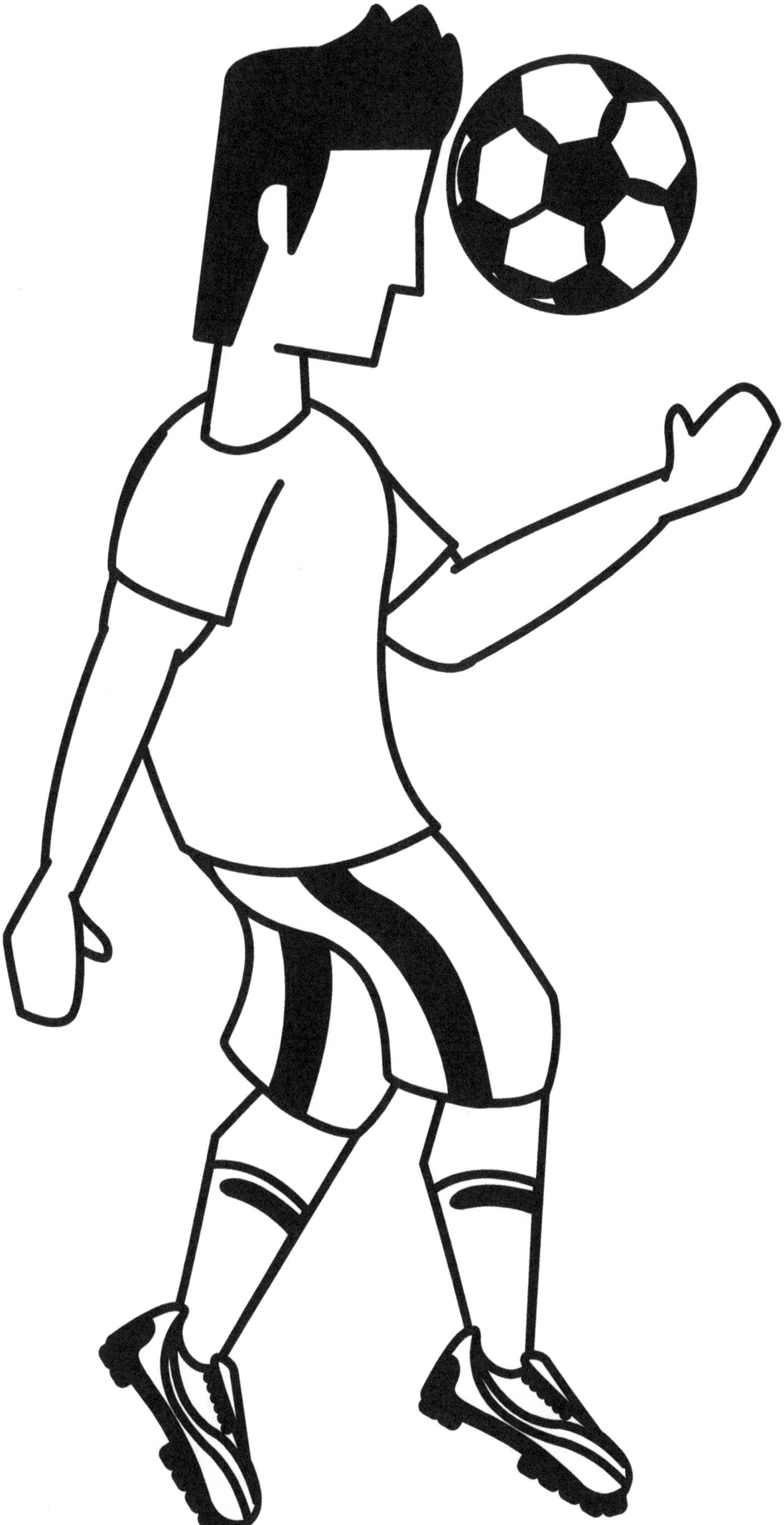

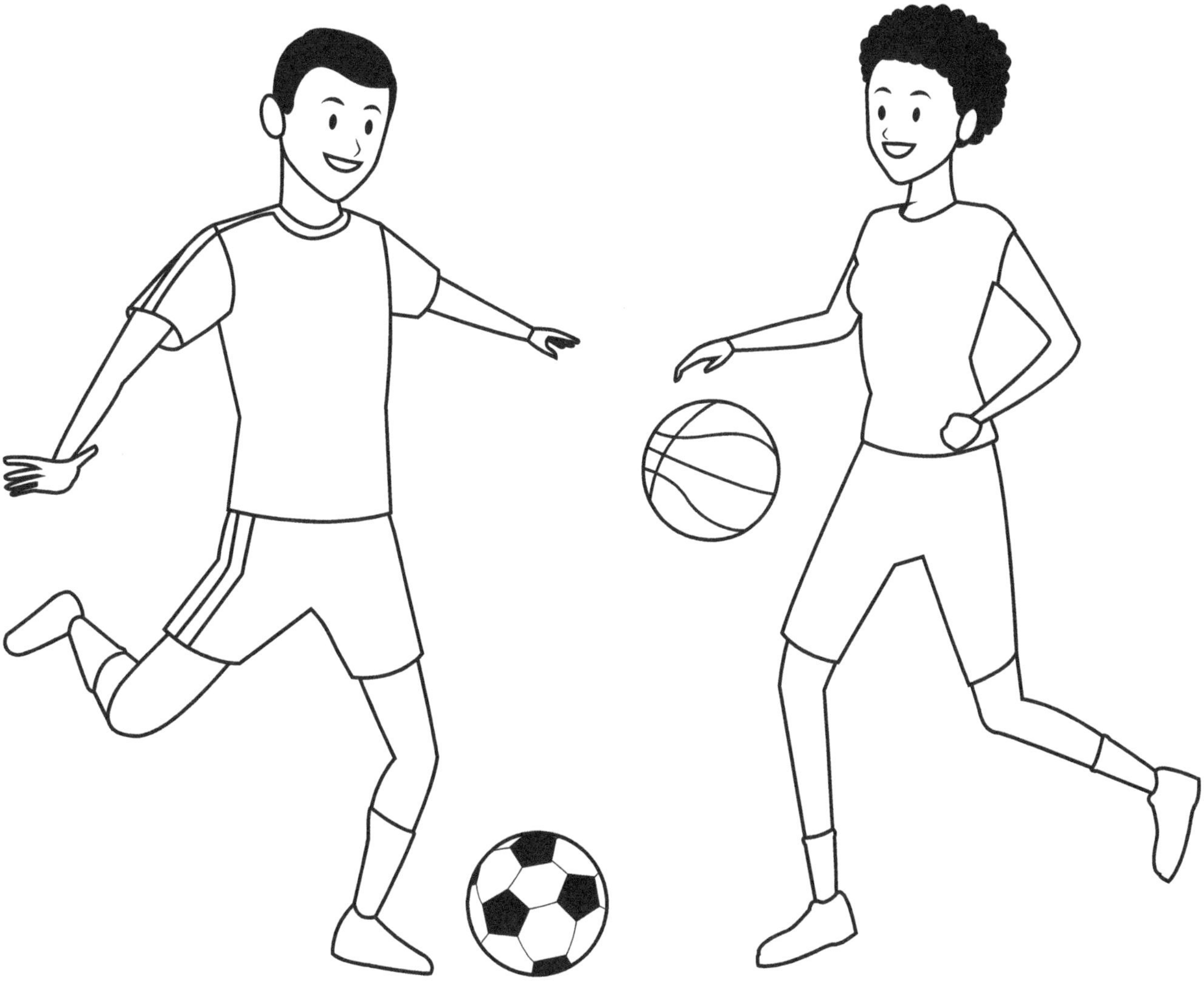

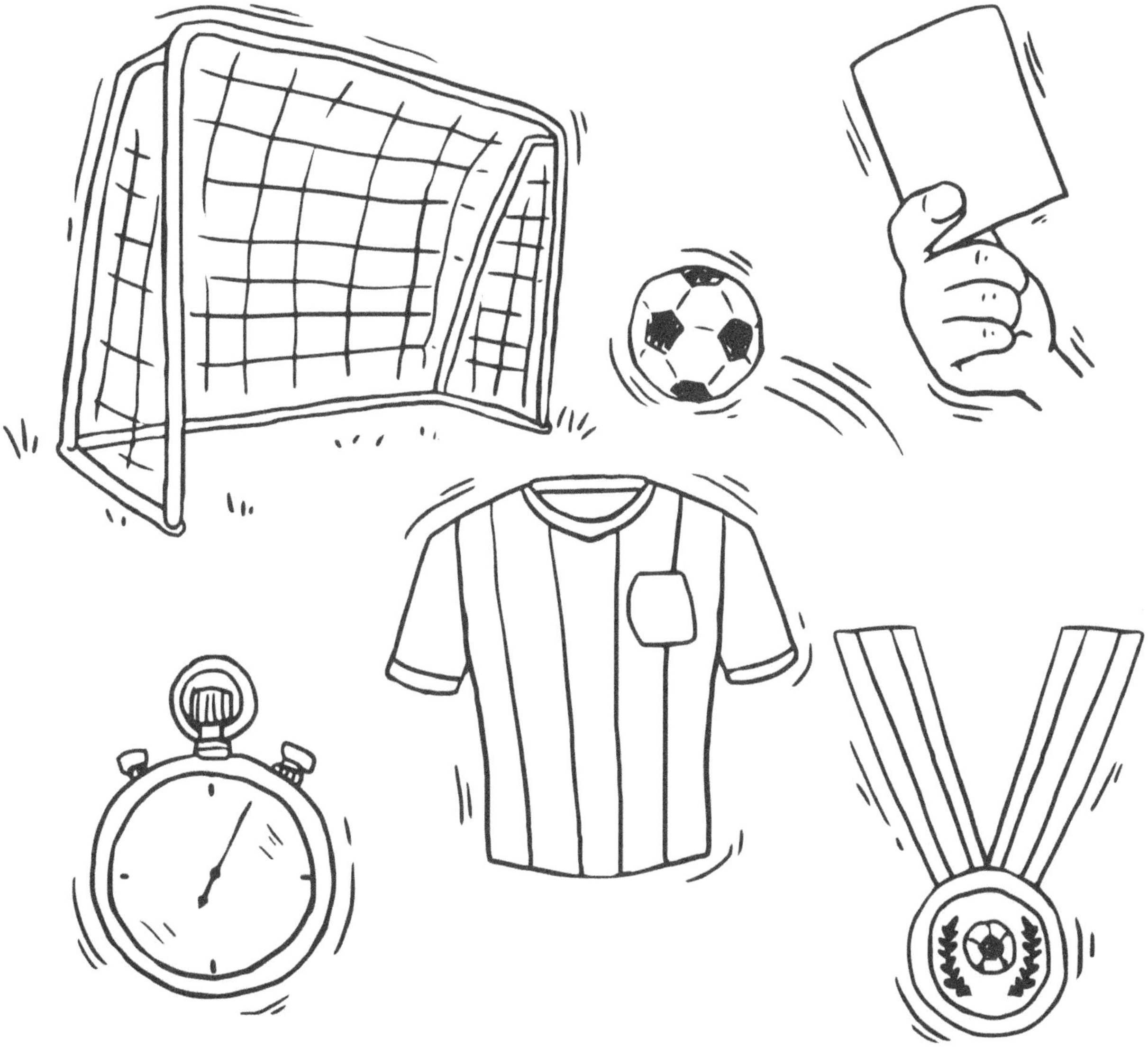

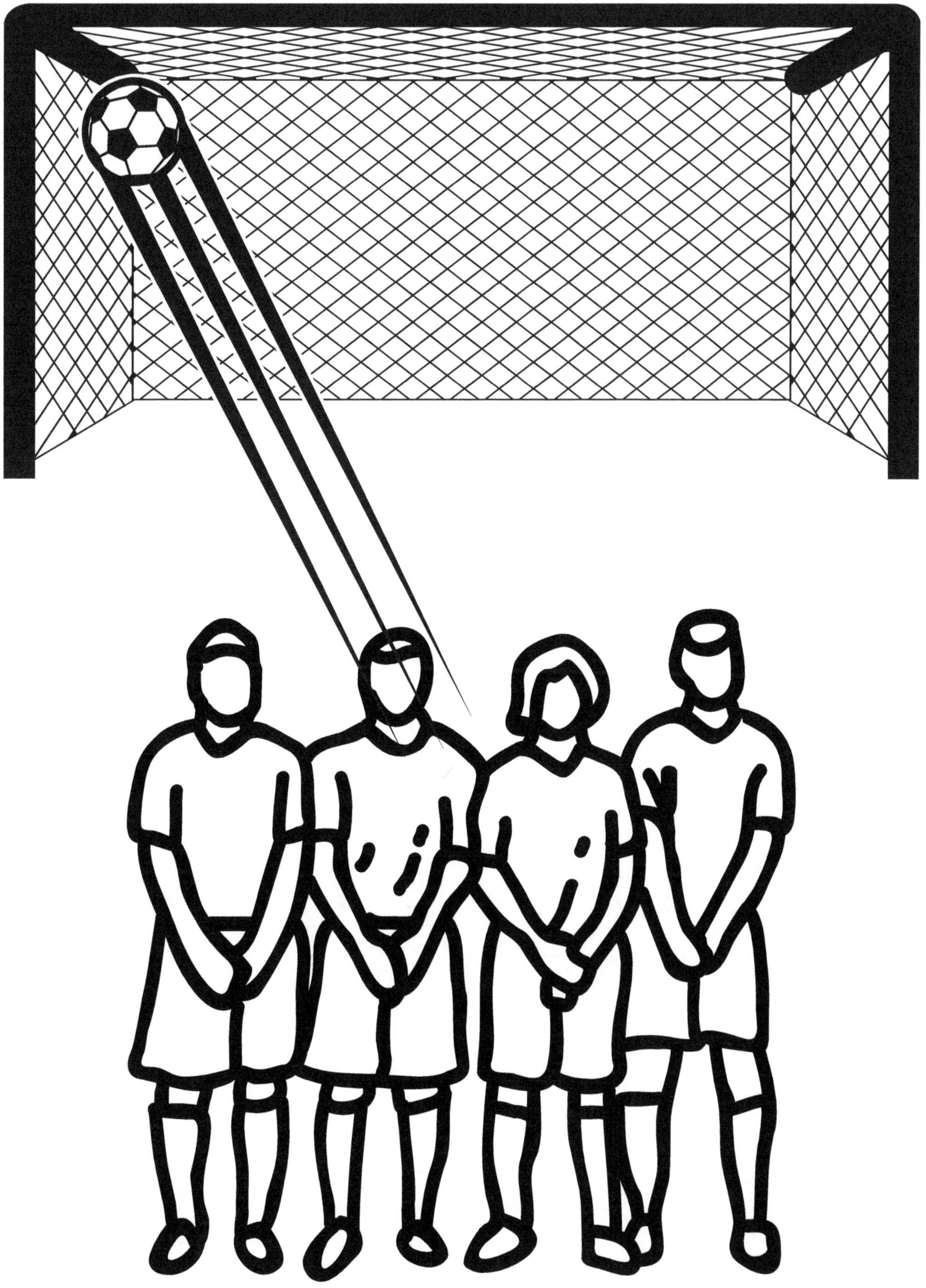

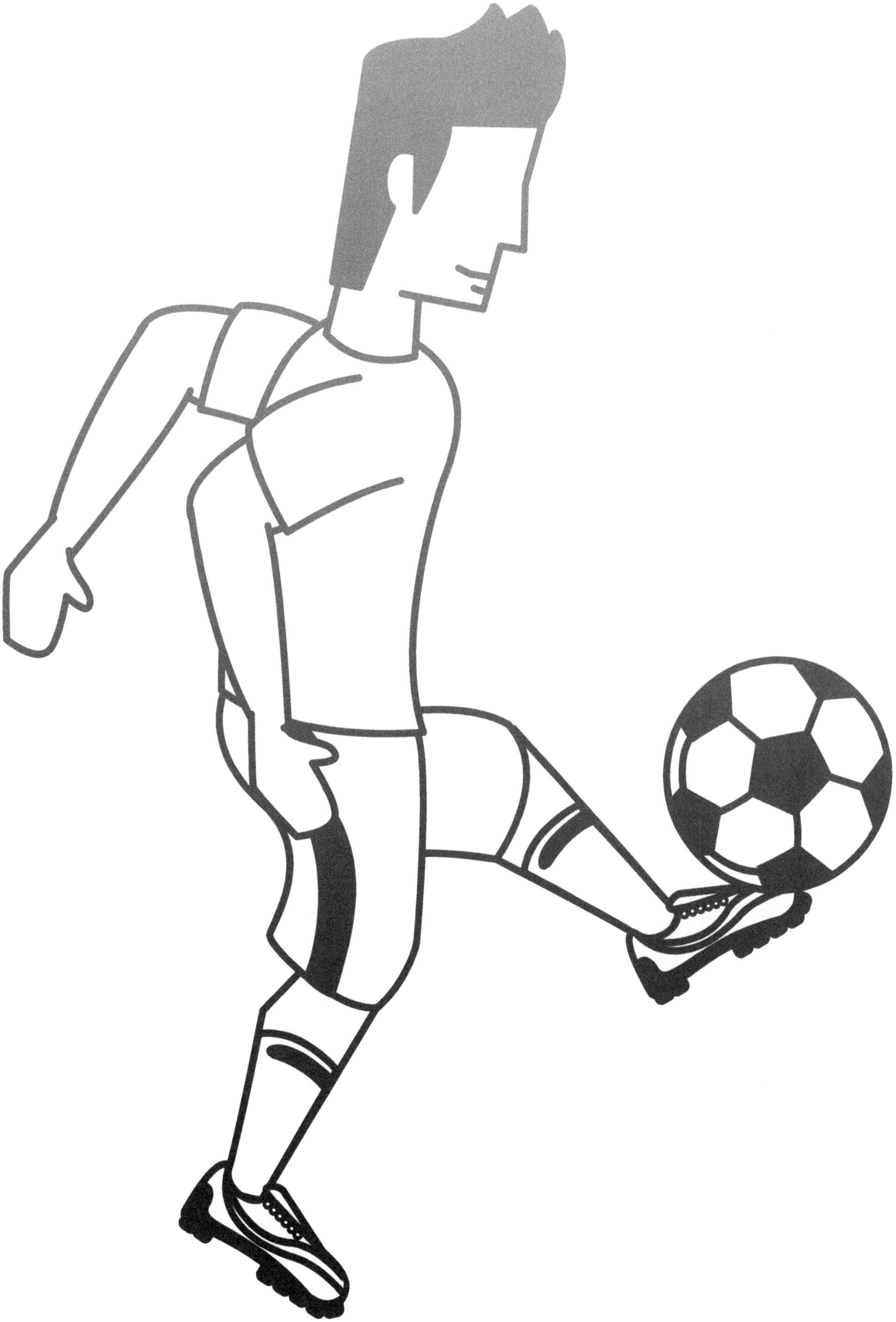

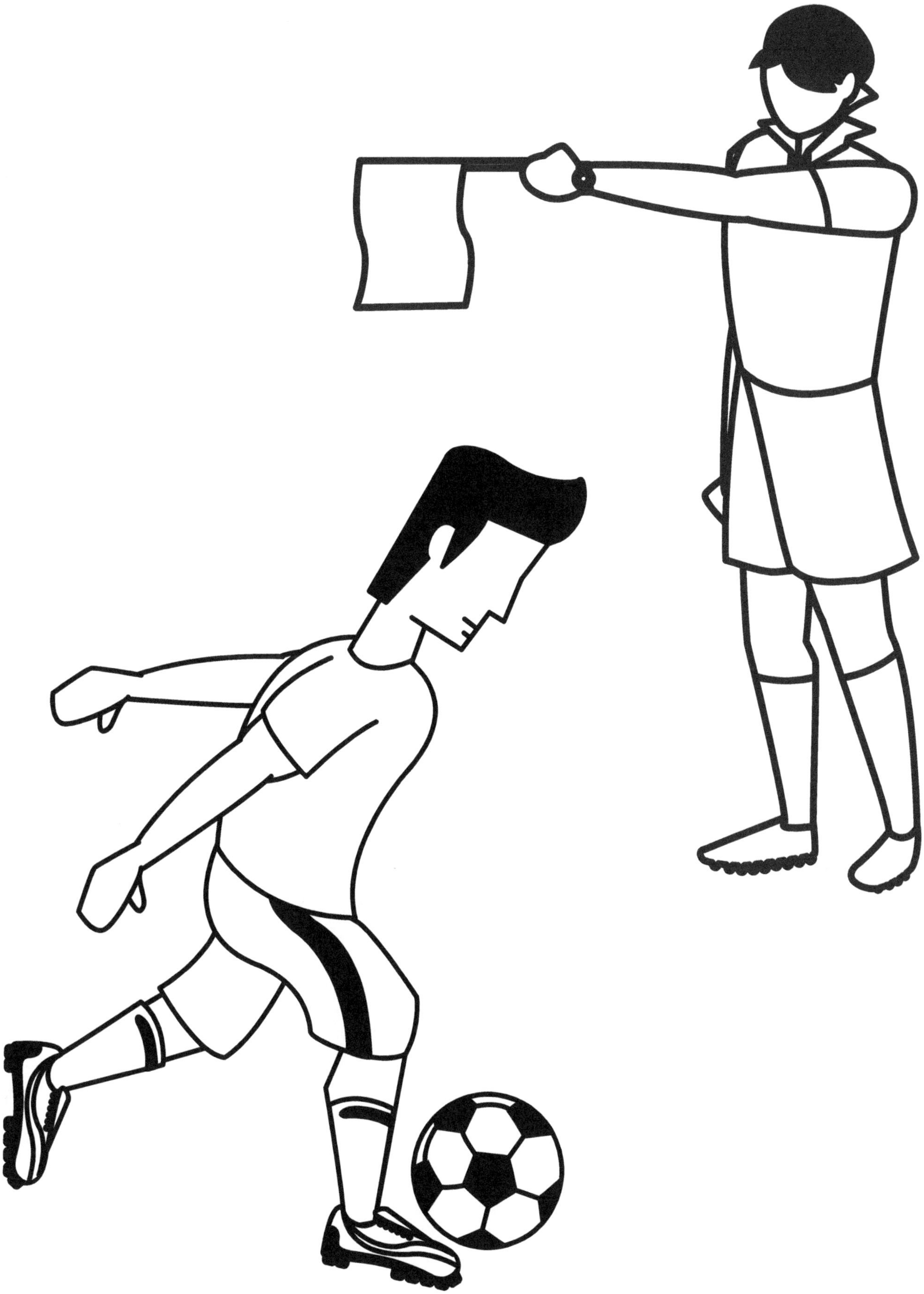

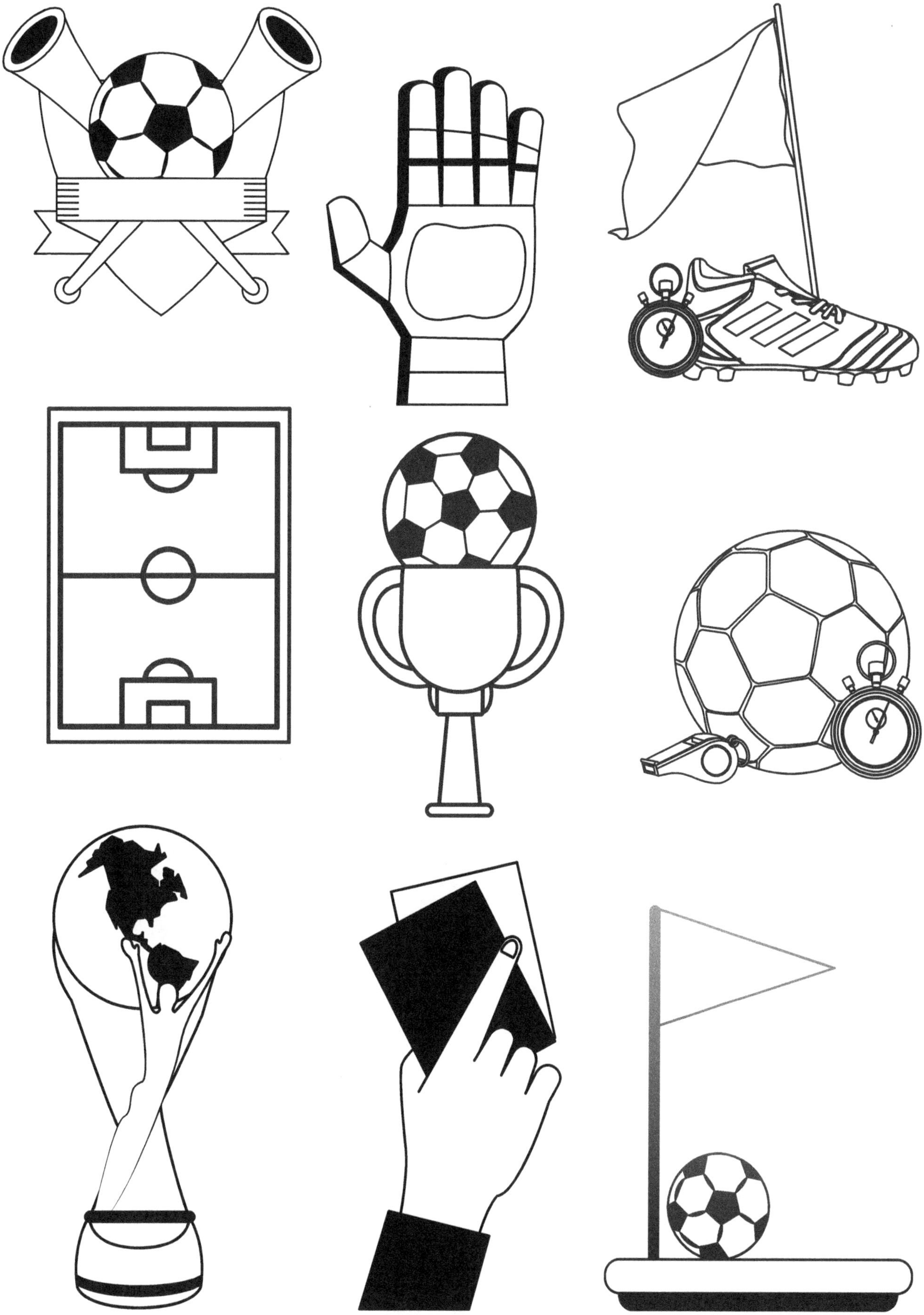

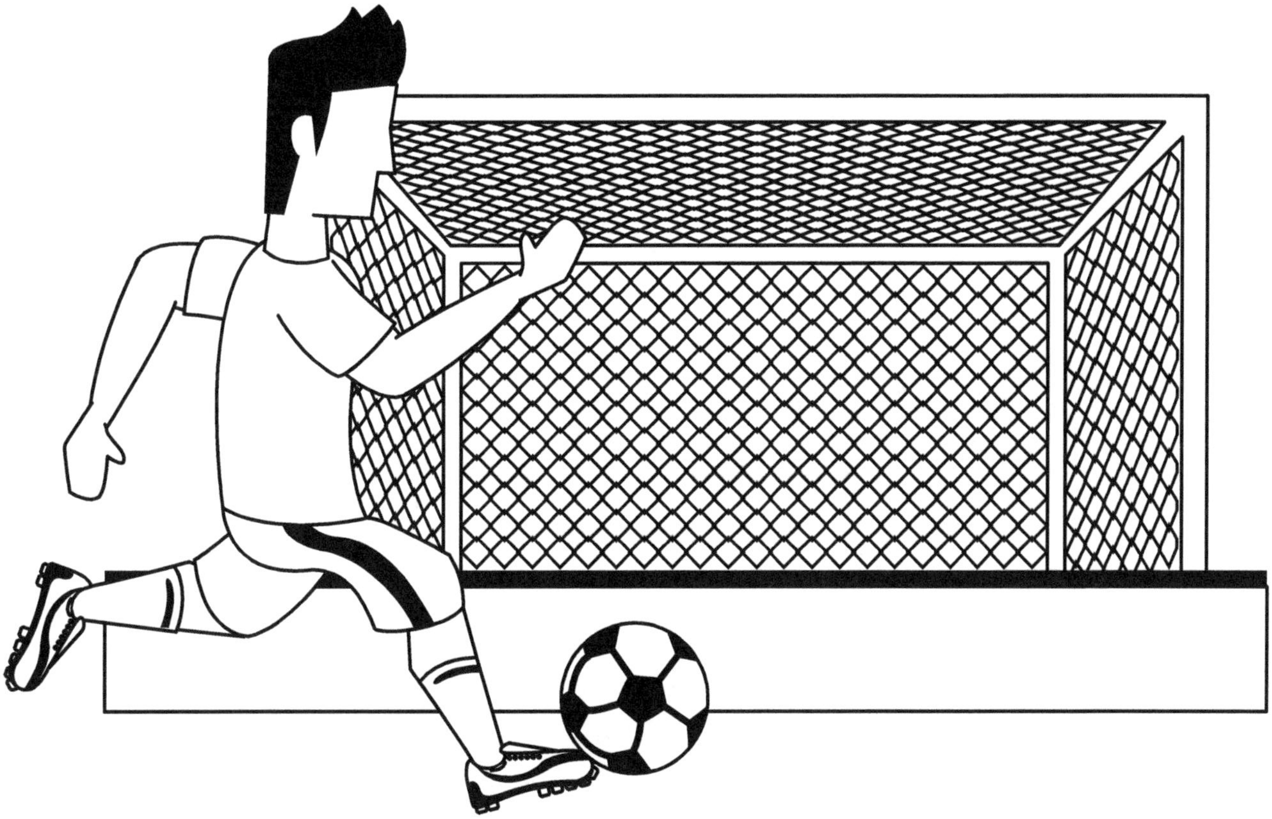

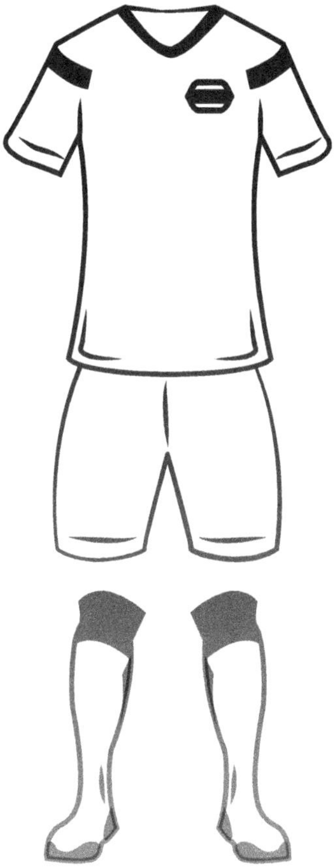
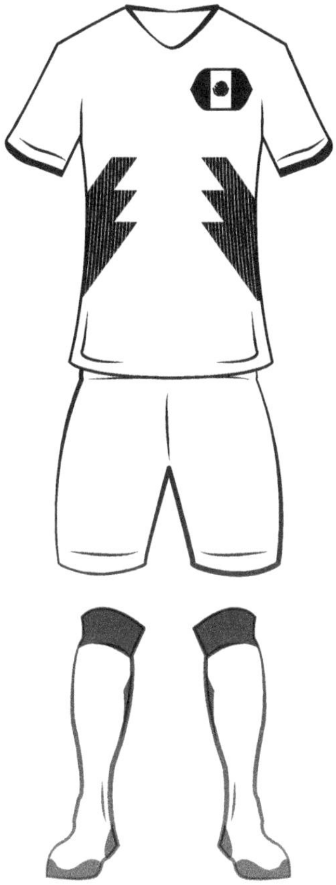
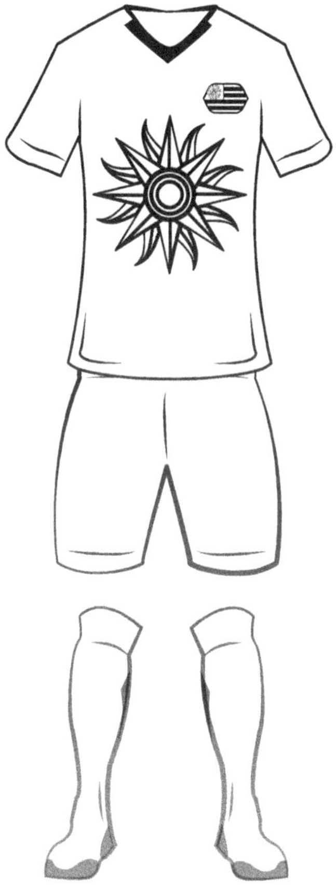
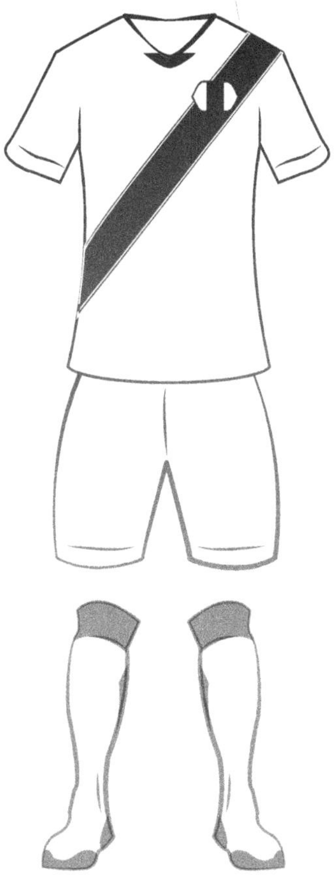
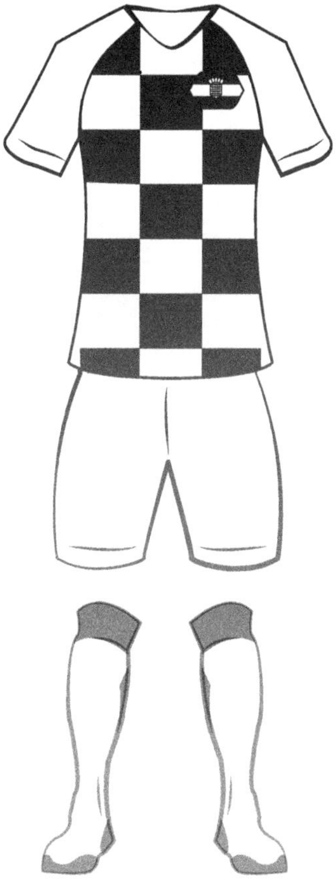
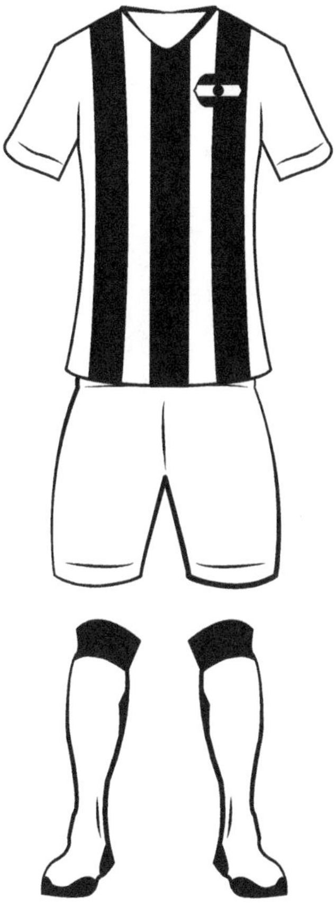

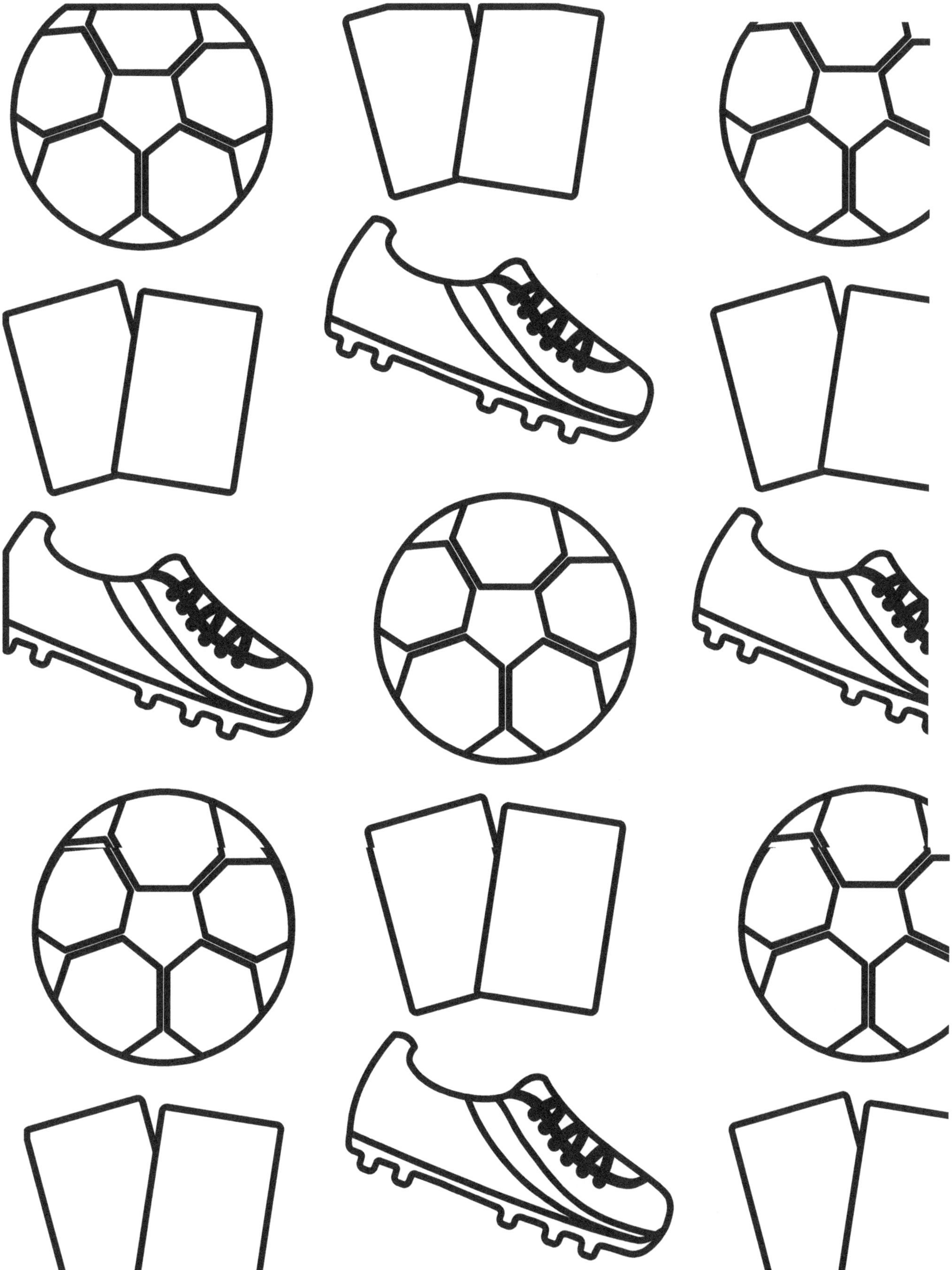

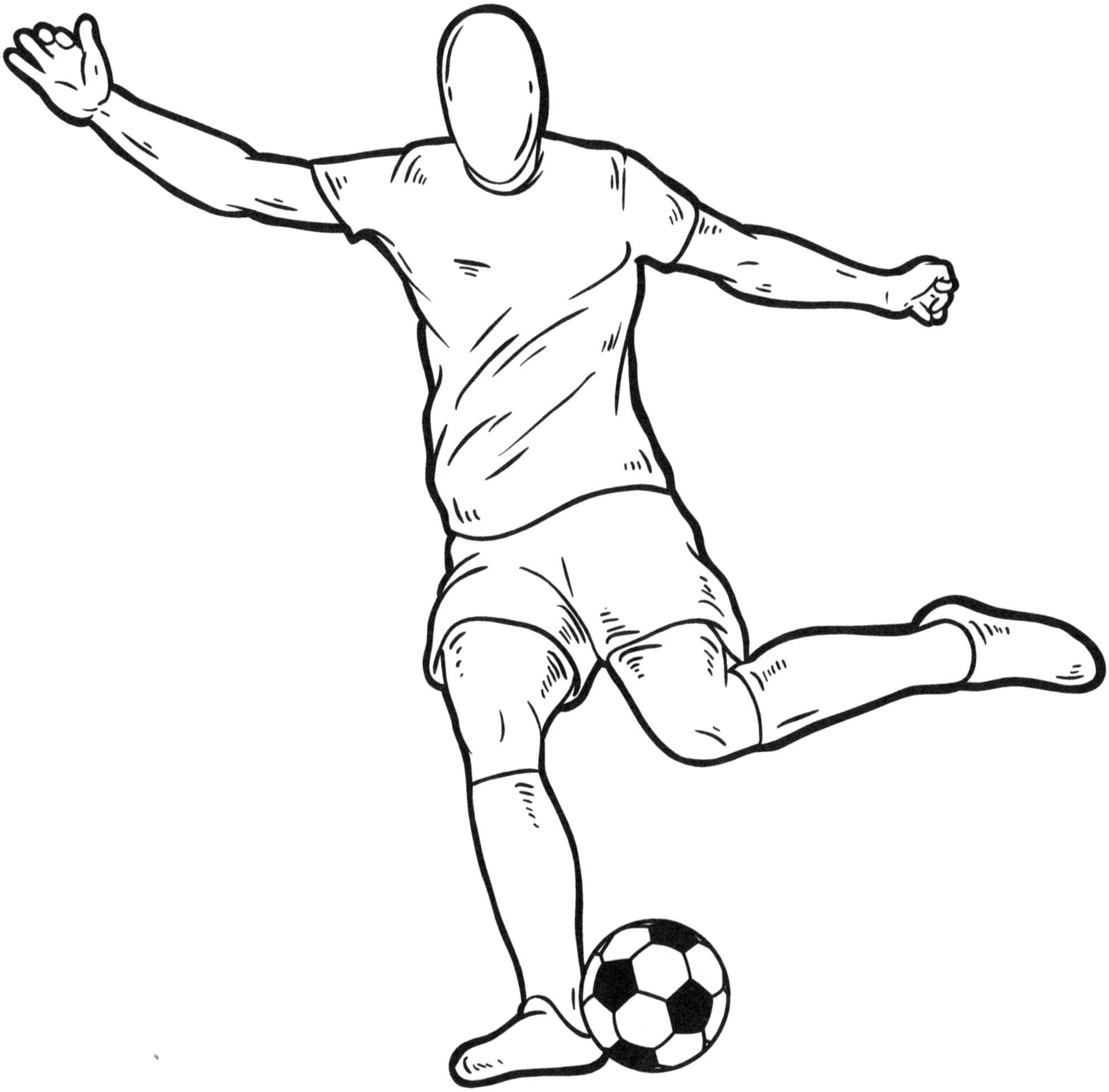

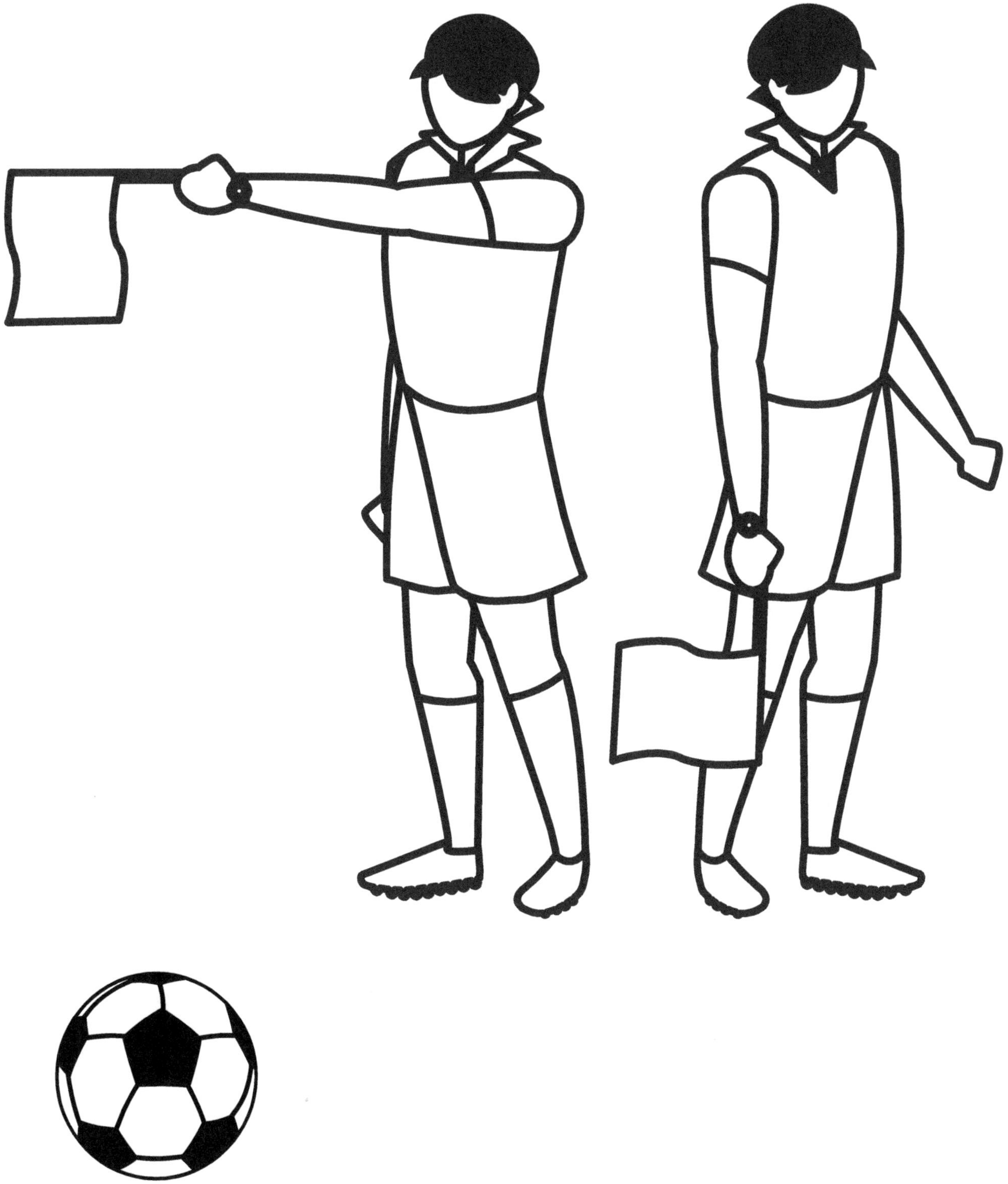

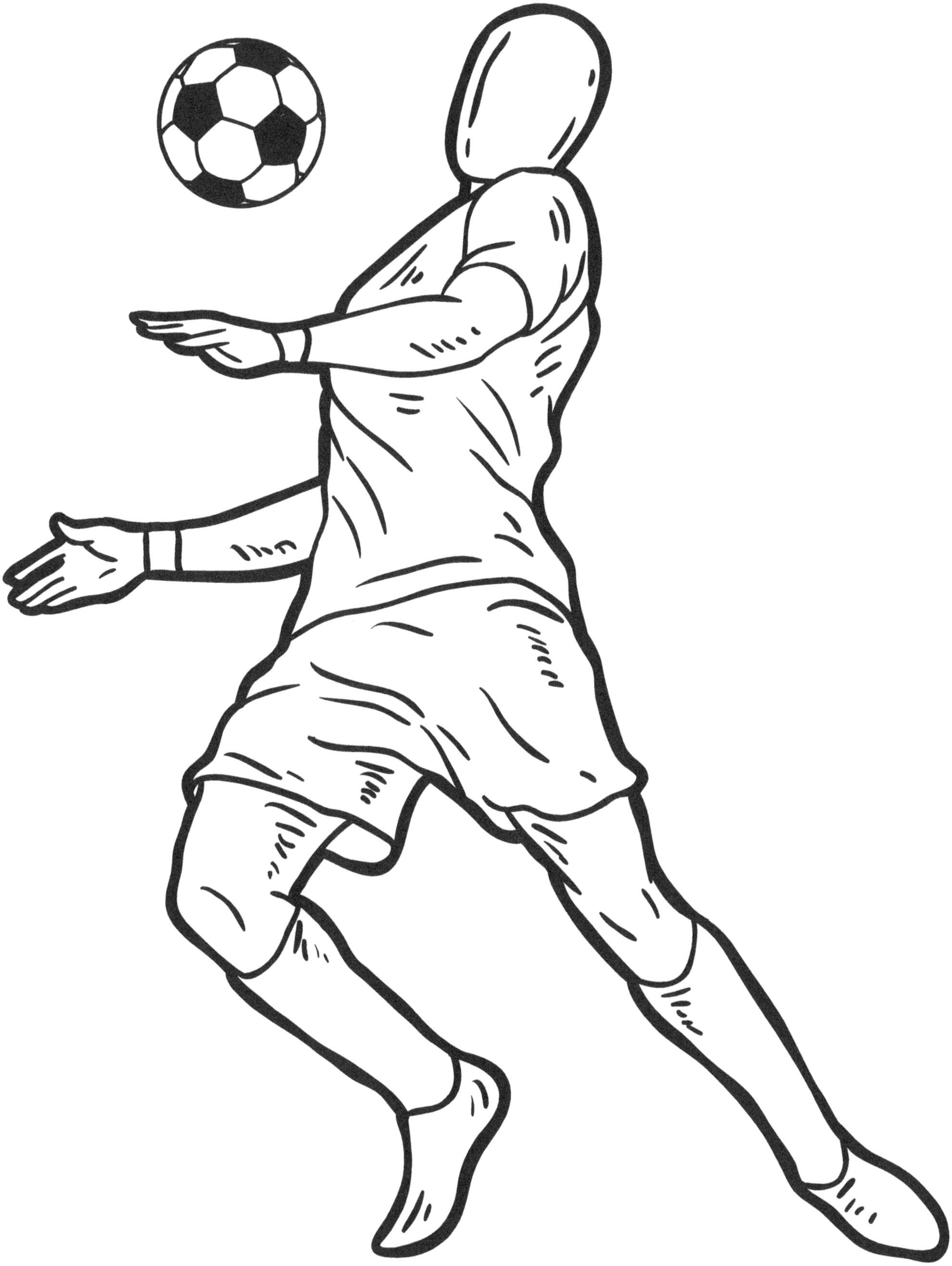

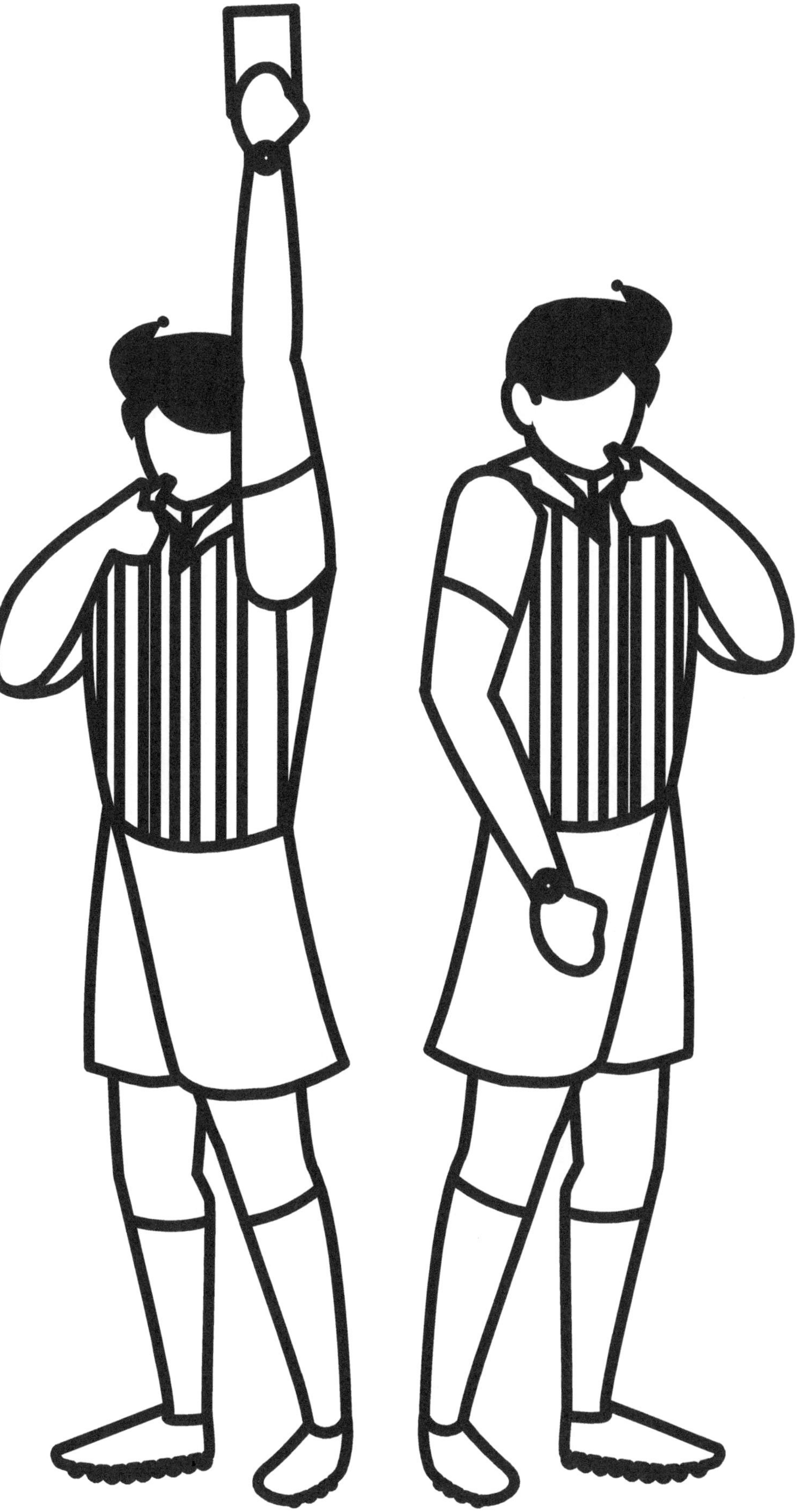

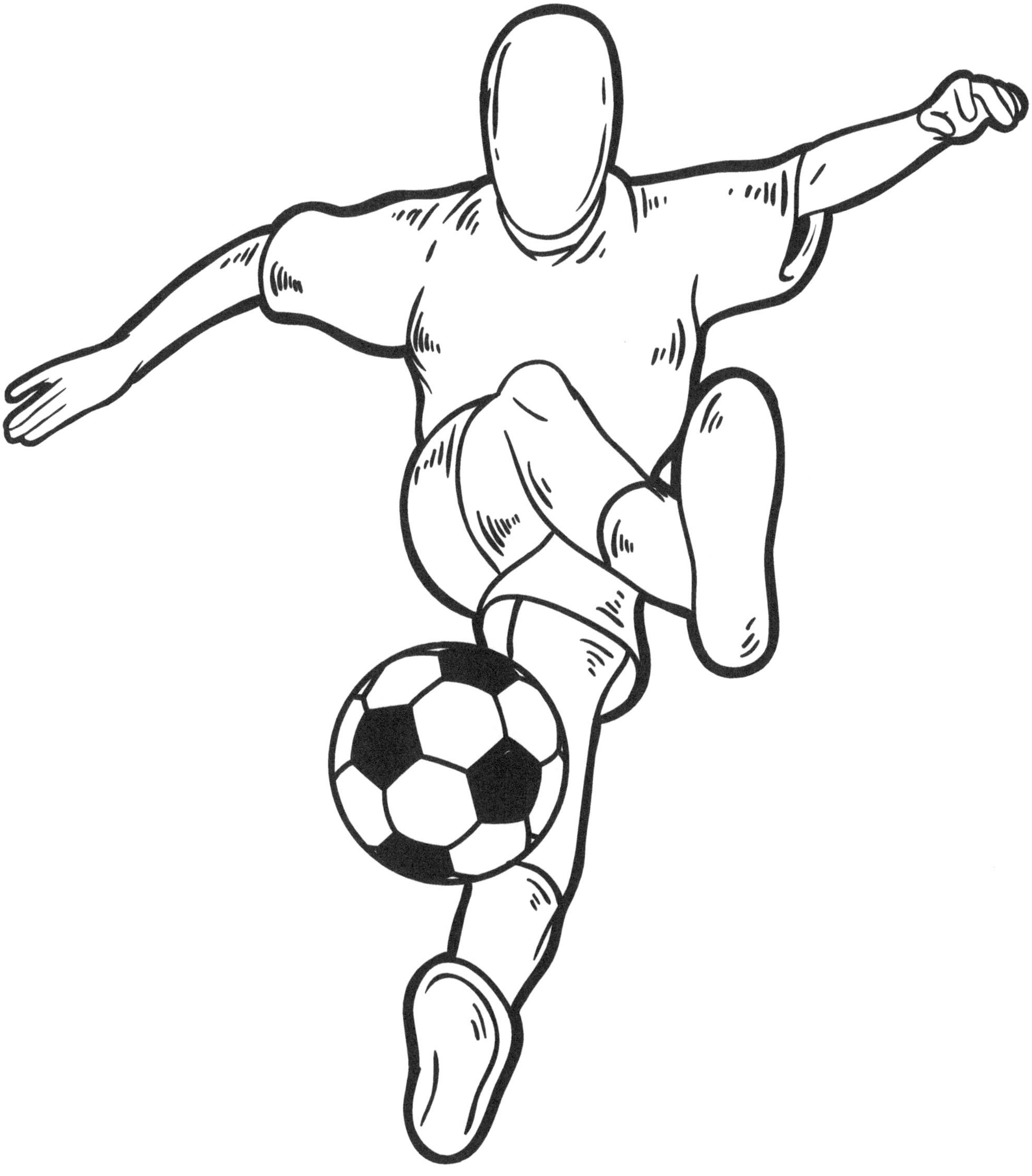

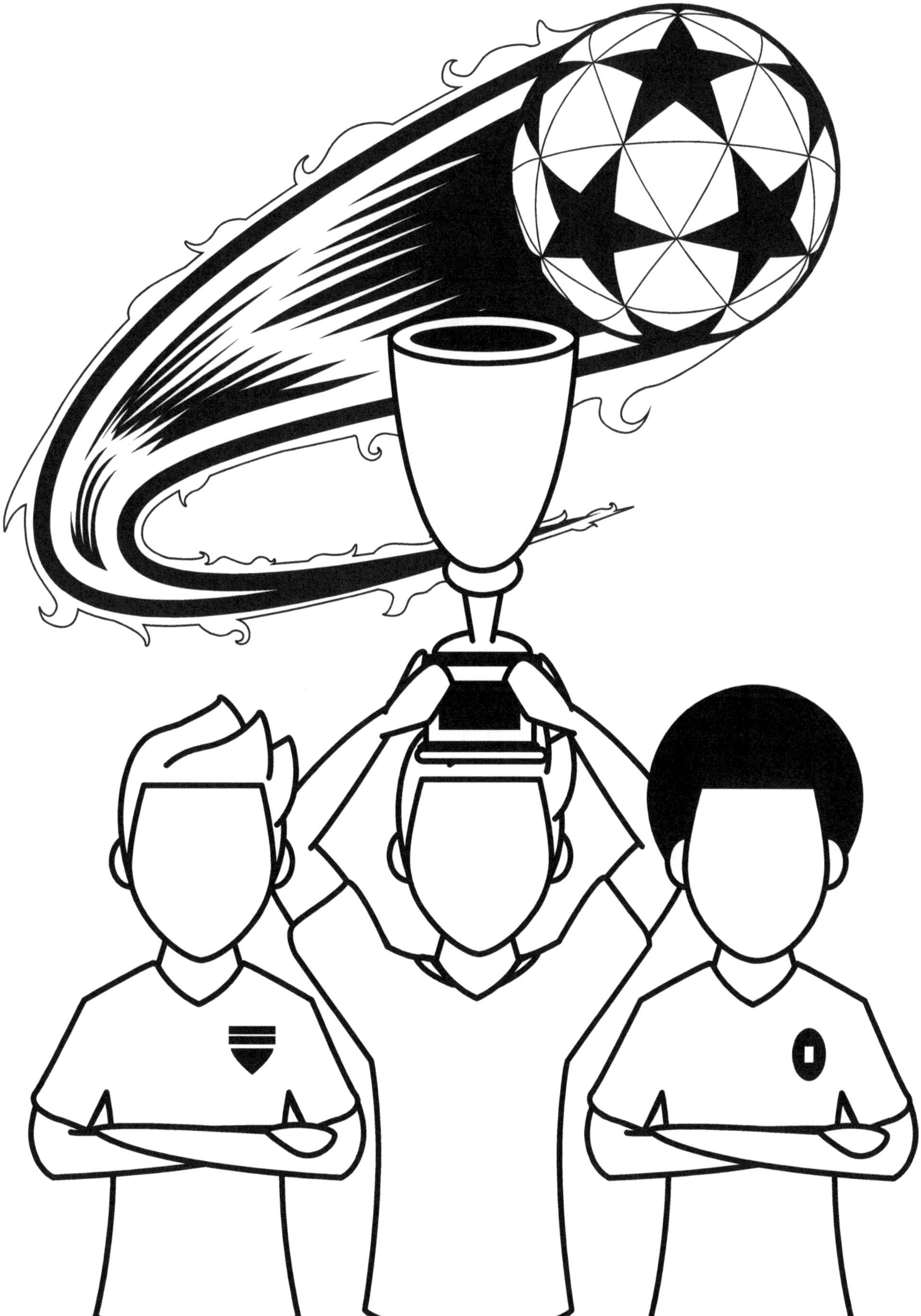

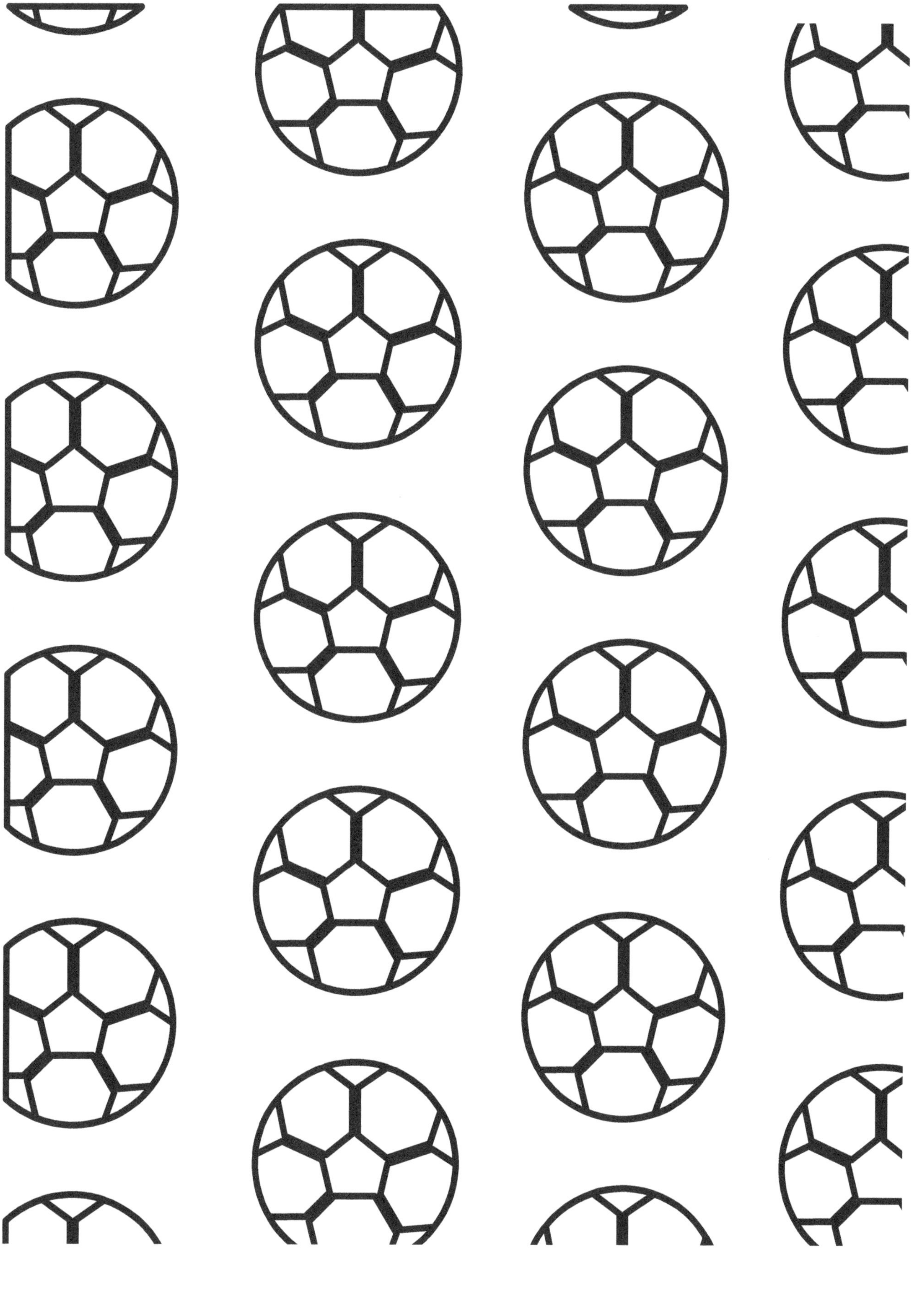

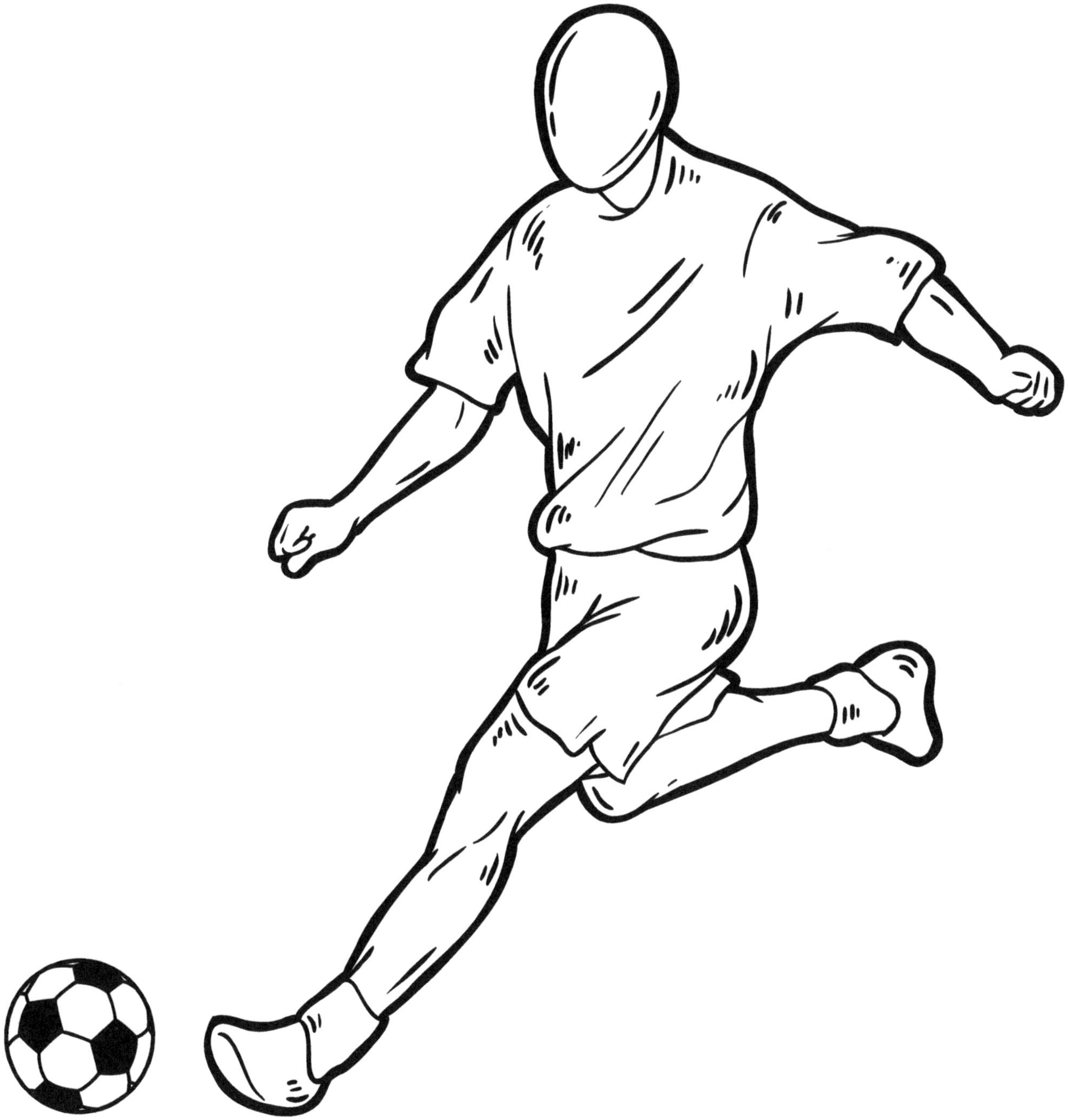

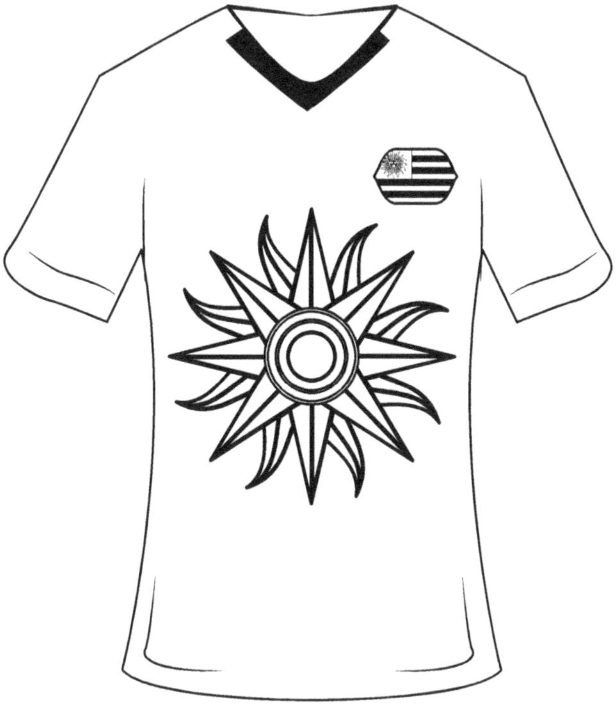
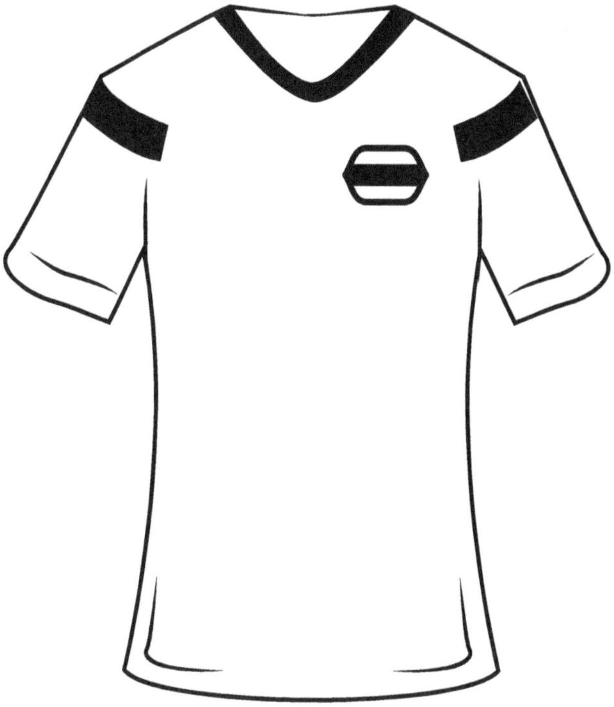
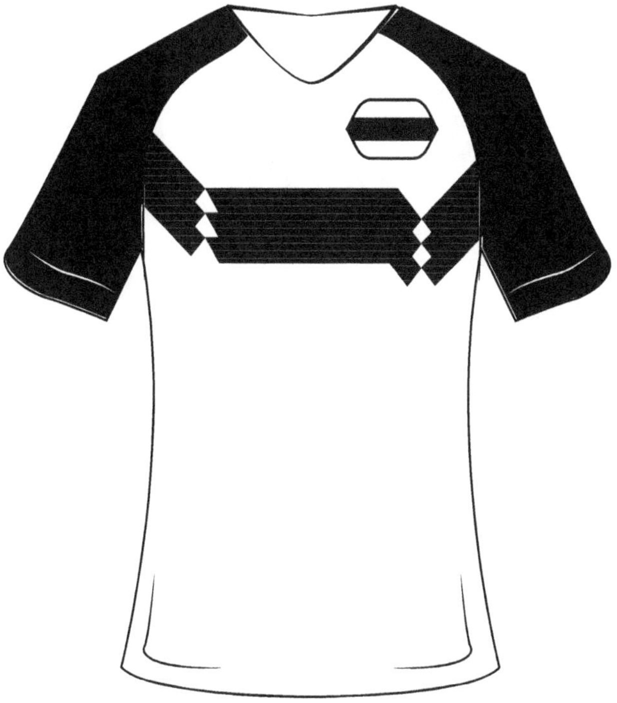
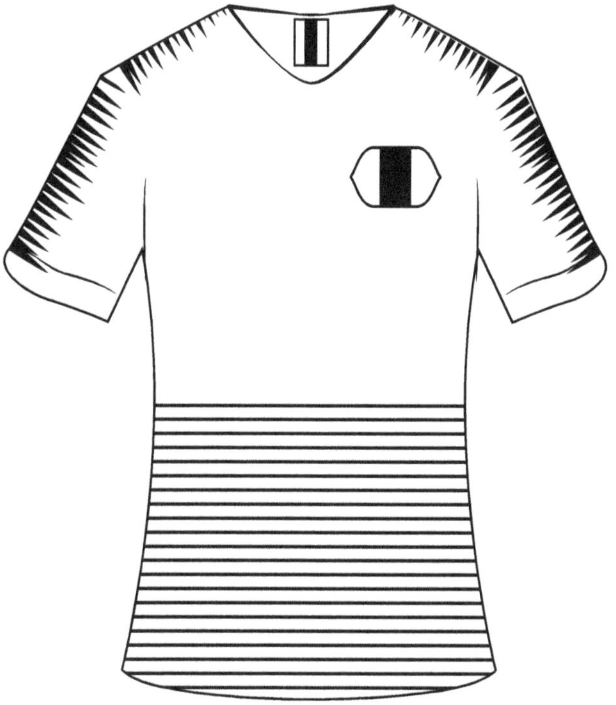

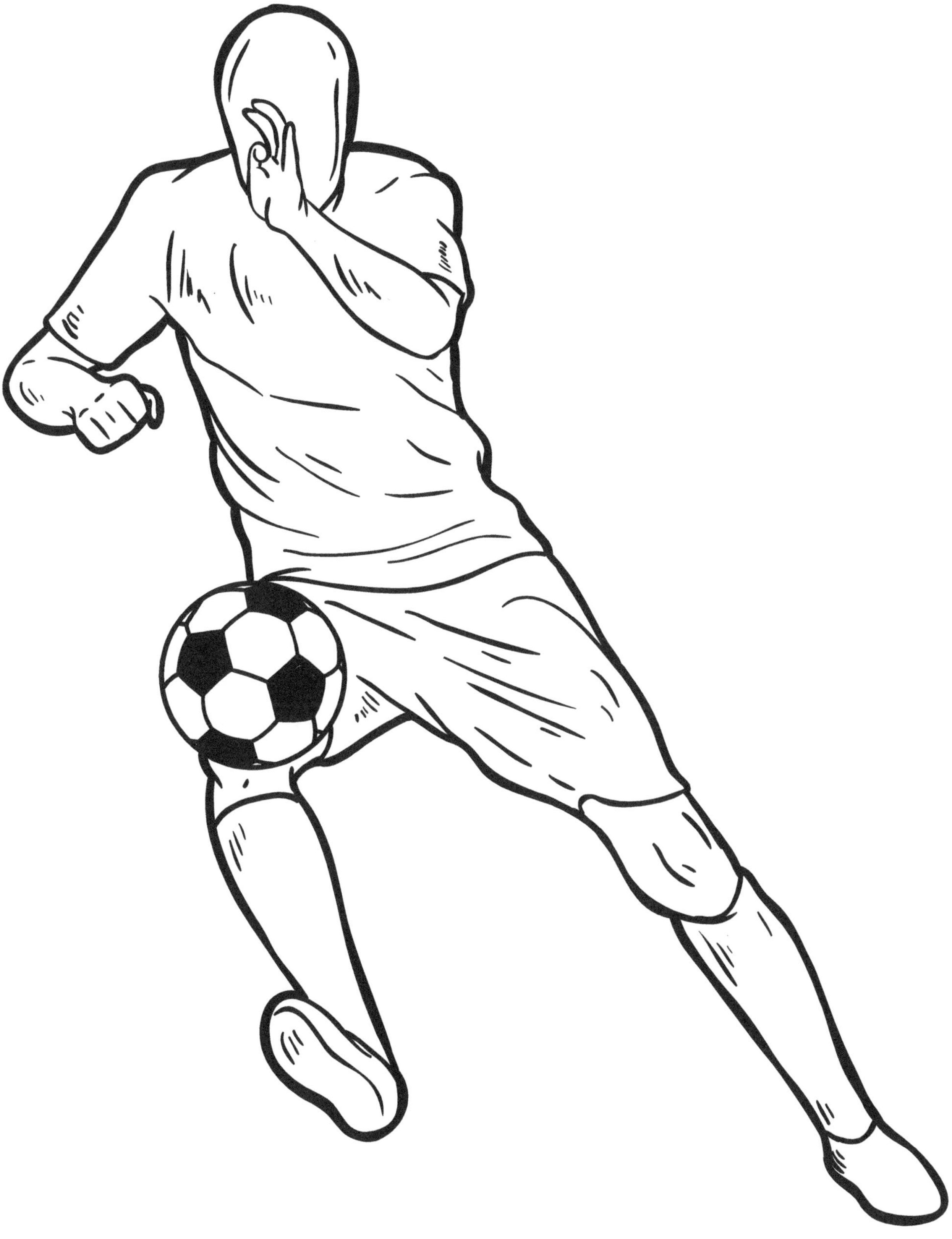

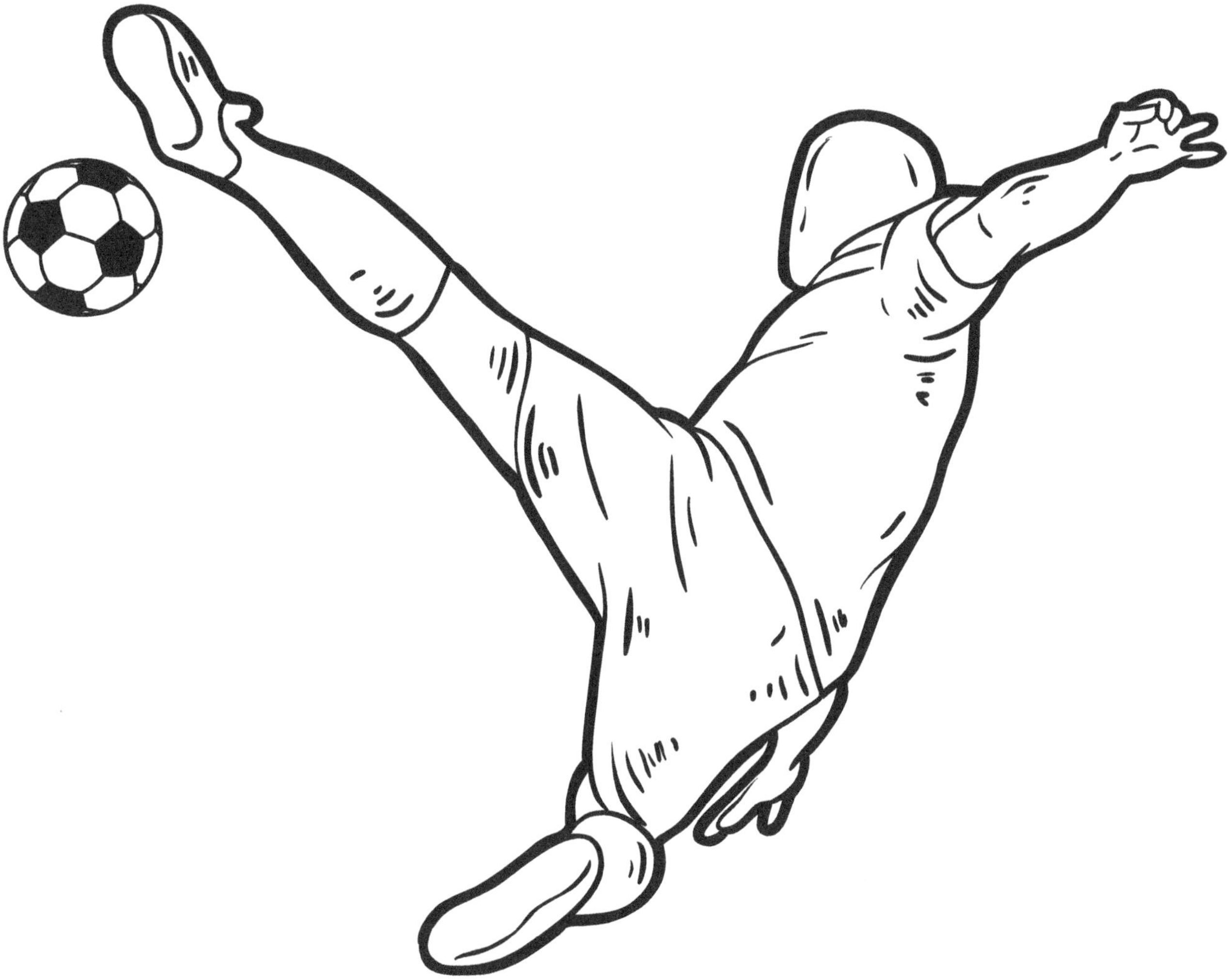

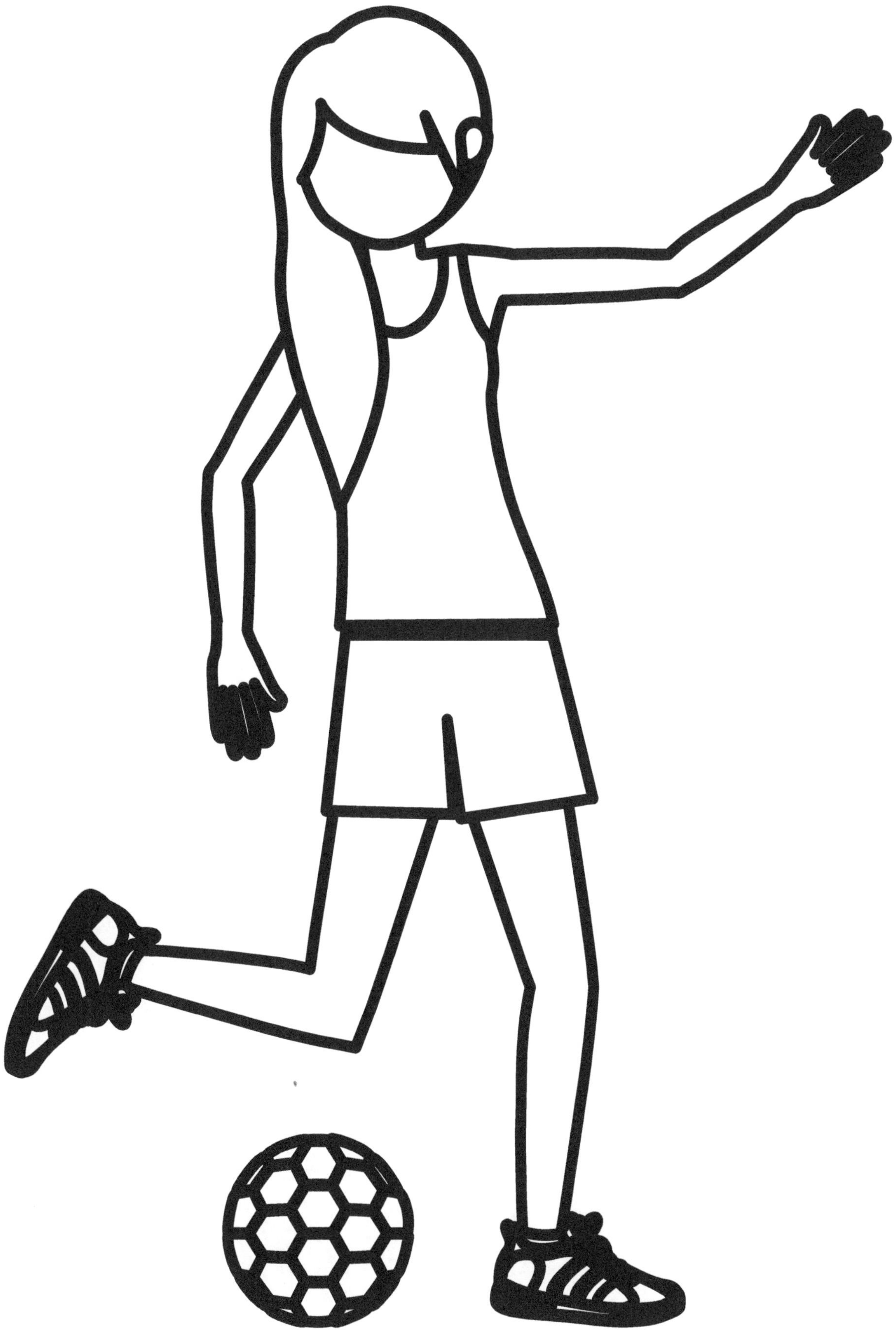

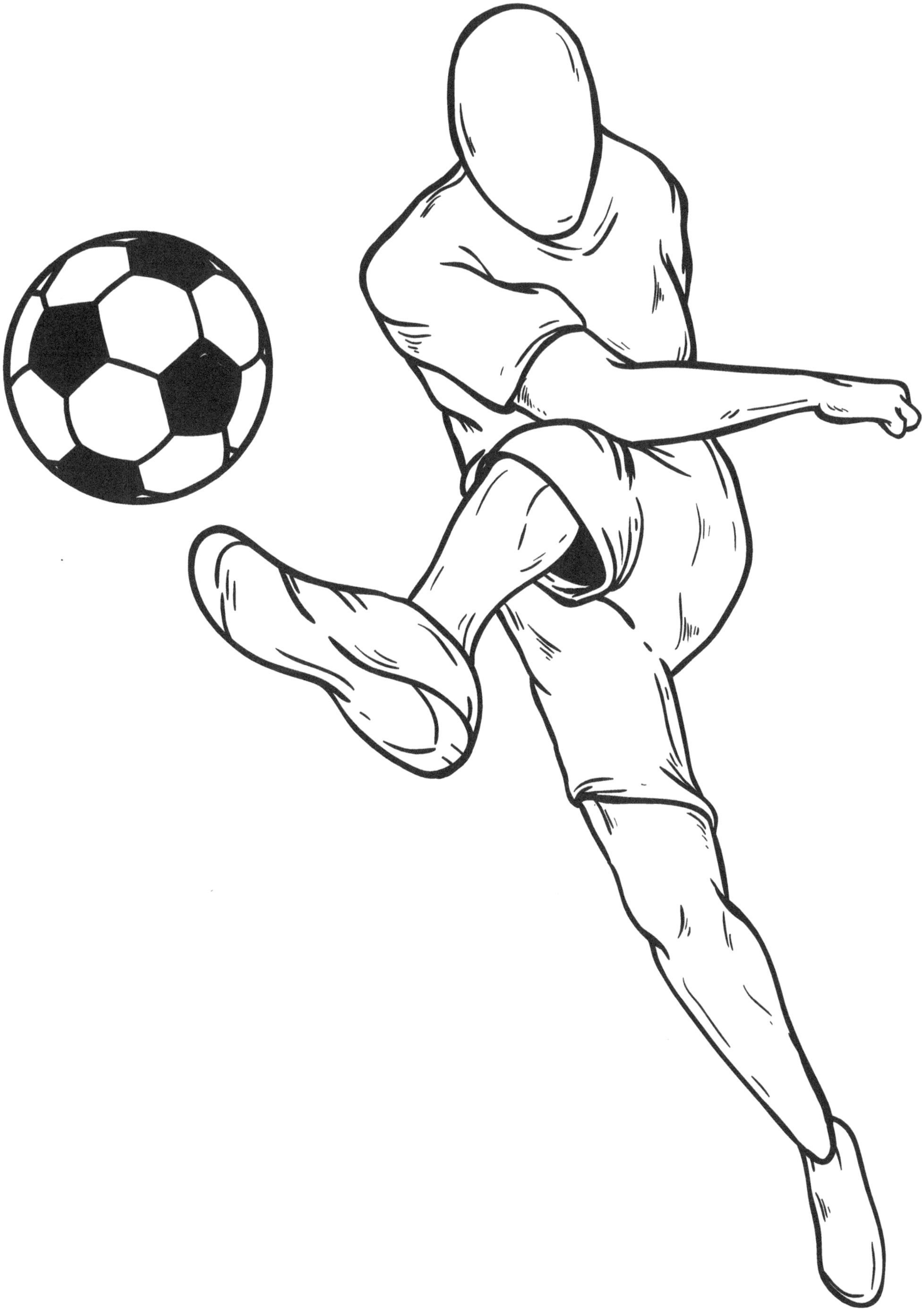

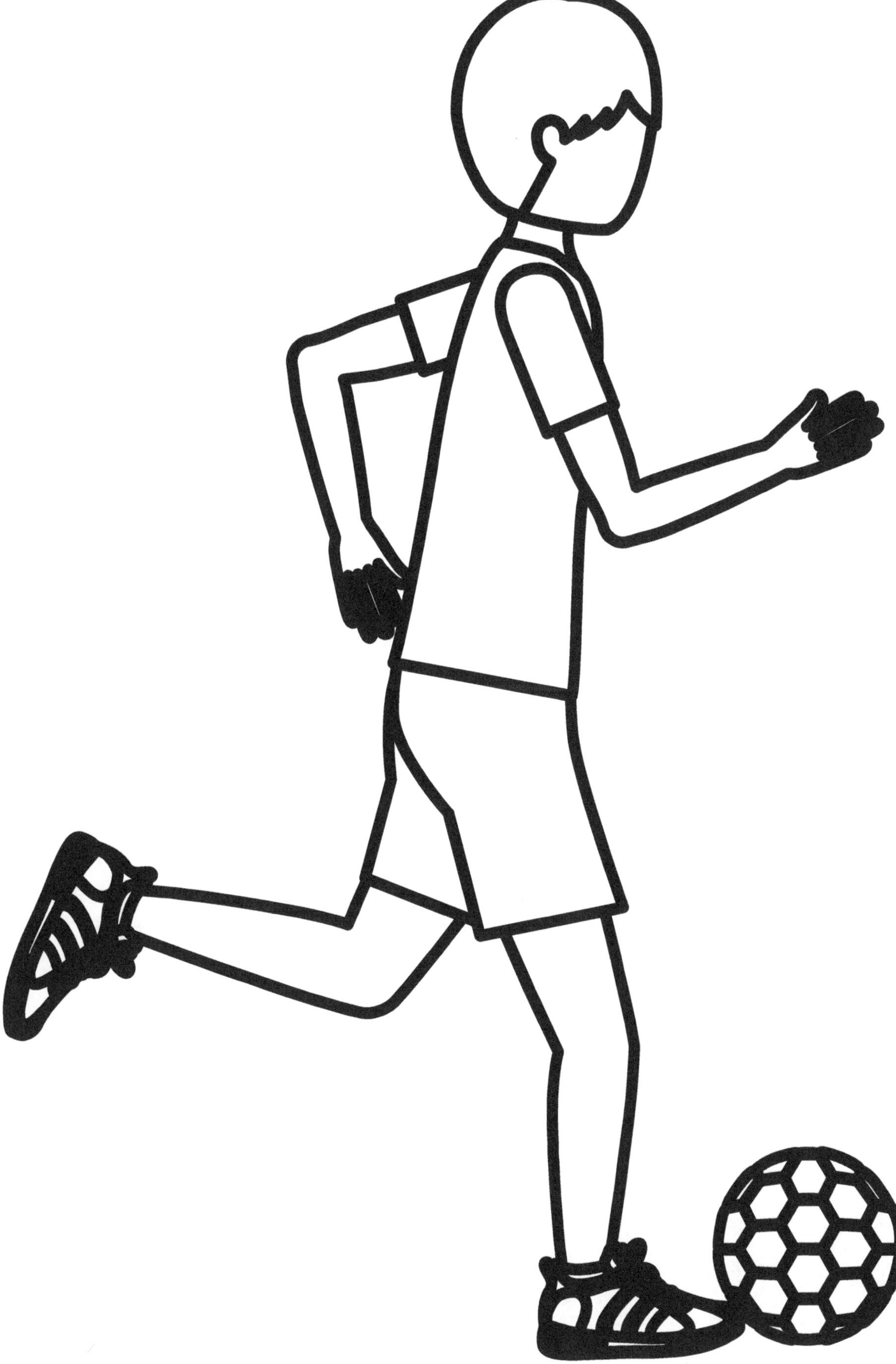

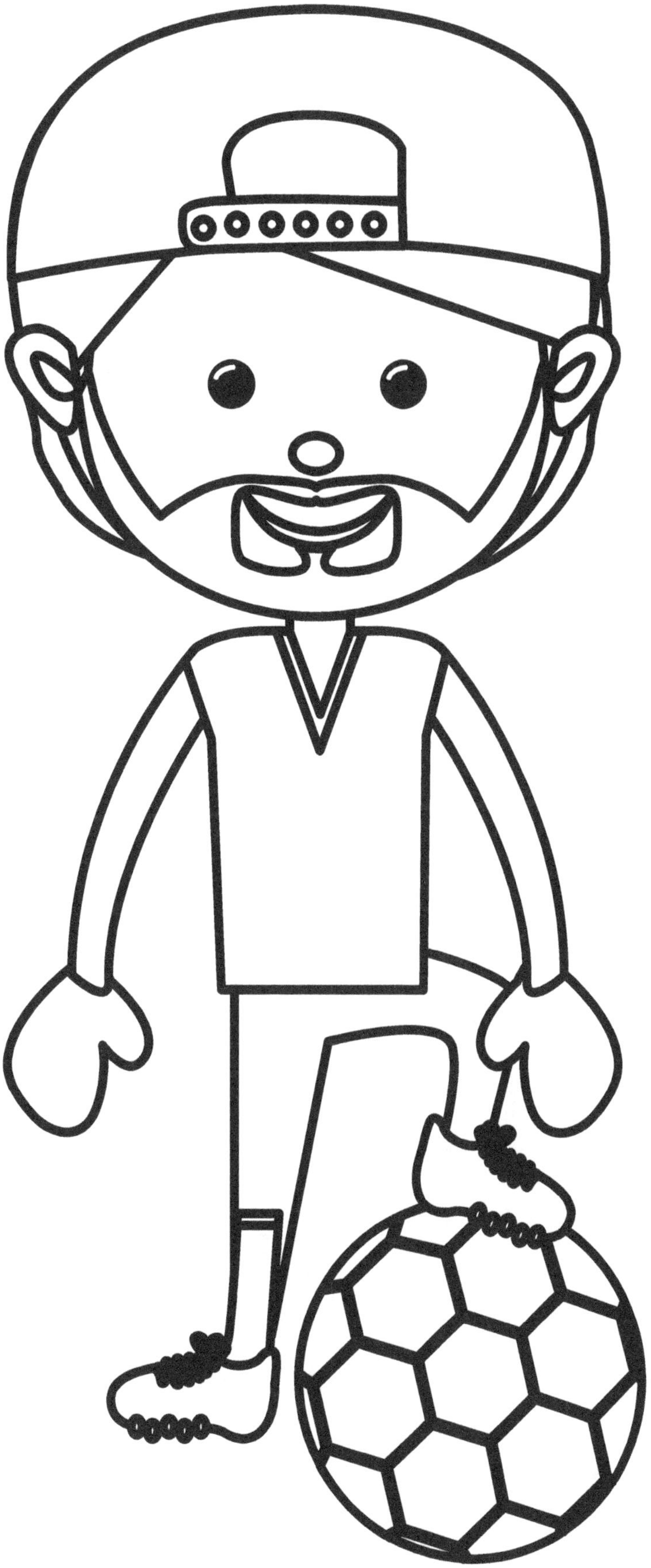

www.ingramcontent.com/pod-product-compliance
Lightning Source LLC
LaVergne TN
LVHW070807211224
799664LV00014B/1046